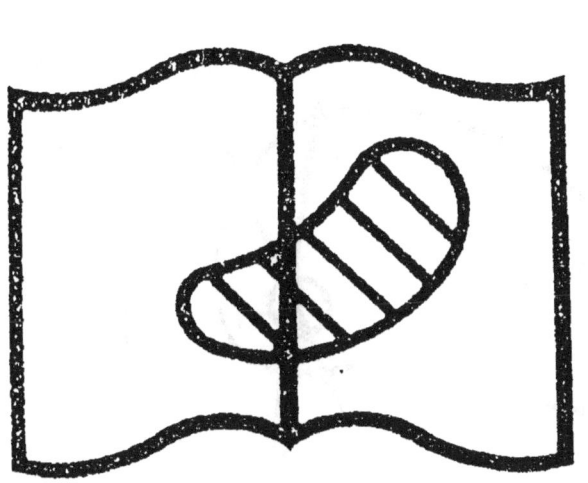

Foliotation partiellement illisible

VALABLE POUR TOUT OU PARTIE
DU DOCUMENT REPRODUIT

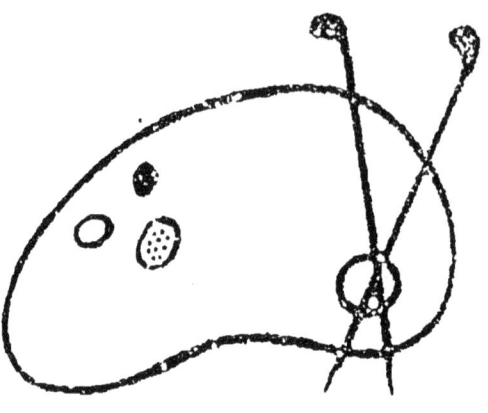

Couvertures supérieure et inférieure
en couleur

VICTOR HUGO

LES
TRAVAILLEURS
DE LA MER

TOME DEUXIÈME

PARIS
LIBRAIRIE INTERNATIONALE
15, BOULEVARD MONTMARTRE
A. LACROIX, VERBOECKHOVEN ET Cie, ÉDITEURS
A BRUXELLES, A LEIPZIG ET A LIVOURNE
—
1866
Tous droits réservés.

PARIS. — IMP. DE VICTOR GOUPY, RUE DE RENNES, 71.

LES
TRAVAILLEURS
DE LA MER

TOME DEUXIÈME

PARIS. — IMP. DE VICTOR GOUPY, RUE DE RENNES, 71.

VICTOR HUGO

LES
TRAVAILLEURS
DE LA MER

TOME DEUXIÈME

PARIS

LIBRAIRIE INTERNATIONALE
15, BOULEVARD MONTMARTRE

A. LACROIX, VERBOECKHOVEN ET Cⁱᵉ, ÉDITEURS

A BRUXELLES, A LEIPZIG ET A LIVOURNE

—

1866

Tous droits réservés.

LIVRE SIXIÈME

LE TIMONIER IVRE
ET LE CAPITAINE SOBRE

LES ROCHERS DOUVRES

A cinq lieues environ en pleine mer, au sud de Guernesey, vis-à-vis la pointe de Plainmont, entre les îles de la Manche et Saint-Malo, il y a un groupe d'écueils appelé les rochers Douvres. Ce lieu est funeste.

Cette dénomination, Douvre, *Dover*, appartient à beaucoup d'écueils et de falaises. Il y a notamment près des Côtes-du-Nord une roche Douvre sur laquelle on construit un phare en ce moment, écueil dangereux, mais qu'il ne faut point confondre avec celui-ci.

Le point de France le plus proche du rocher Douvres est le cap Bréhant. Le rocher Douvres est un peu plus loin de la côte de France que de la première île de l'archipel normand. La distance de cet écueil à Jersey se mesure à peu près par la grande diagonale de Jersey. Si l'île de Jersey tournait sur la Corbière comme sur un gond, la pointe Sainte-Catherine irait presque frapper les Douvres. C'est encore là un éloignement de plus de quatre lieues.

Dans ces mers de la civilisation les roches les plus sauvages sont rarement désertes. On rencontre des contrebandiers à Hagot, des douaniers à Binic, des celtes à Bréhat, des cultivateurs d'huîtres à Cancale, des chasseurs de lapins à Césambre, l'île de César, des ramasseurs de crabes à Brecqhou, des pêcheurs au chalut aux Minquiers, des pêcheurs à la trouble à Écréhou. Aux rochers Douvres, personne.

Les oiseaux de mer sont là chez eux.

Pas de rencontre plus redoutée. Les Casquets où s'est, dit-on, perdue la *Blanche Nef;* le banc du Calvados, les aiguilles de l'île de Wight, la Ronesse qui fait la côte de Beaulieu si dangereuse, le bas-fond de Préel qui étrangle l'entrée de Merquel et qui force de ranger à vingt brasses la balise peinte en rouge, les approches traîtres d'Étables et de Plouha, les deux druides de granit du sud de Guernesey, le vieux Anderlo et le petit Anderlo, la Corbière, les Hanois, l'île des Ras, recommandée à la frayeur par ce proverbe : — *Si jamais tu passes le Ras, si tu ne meurs, tu trembleras;* — les Mortes-Femmes, le passage de la Boue et de la Frouquie, la Déroute entre Guernesey et Jersey, la Hardent entre les Minquiers et Chausey, le Mauvais Cheval entre Boulay-Bay et Barneville, sont moins mal famés. Il vaudrait mieux affronter tous ces écueils l'un après l'autre que le rocher Douvres une seule fois.

Sur toute cette périlleuse mer de la Manche, qui est la mer Égée de l'Occident, le rocher Douvres n'a d'égal en terreur que l'écueil Pater-Noster entre Guernesey et Serk.

Et encore, de Pater-Noster on peut faire un signal, une détresse là peut être secourue. On voit au nord la pointe Dicard, ou d'Icare, et au sud Gros-Nez. Du rocher Douvres, on ne voit rien.

La rafale, l'eau, la nuée, l'illimité, l'inhabité. Nul ne passe aux rochers Douvres qu'égaré. Les granits sont d'une stature brutale et hideuse. Partout l'escarpement. L'inhospitalité sévère de l'abîme.

C'est la haute mer. L'eau y est très-profonde. Un écueil absolument isolé comme le rocher Douvres attire et abrite les bêtes qui ont besoin de l'éloignement des hommes. C'est une sorte de vaste madrépore sous-marin. C'est un labyrinthe noyé. Il y a là, à une profondeur où les plongeurs atteignent difficilement, des antres, des caves, des repaires, des entre-croisements de rues ténébreuses. Les espèces monstrueuses y pullulent. On s'entre-dévore. Les crabes mangent les poissons, et sont eux-mêmes mangés. Des formes épouvantables, faites pour n'être pas vues par l'œil humain, errent dans cette obscurité, vivantes. De vagues linéaments de gueules, d'antennes, de tentacules, de nageoires, d'ailerons, de mâchoires ouvertes, d'écailles, de griffes, de pinces, y flottent, y tremblent, y grossissent, s'y décomposent et s'y effacent dans la transparence sinistre. D'effroyables essaims nageants rôdent, faisant ce qu'ils ont à faire. C'est une ruche d'hydres.

L'horrible est là, idéal.

Figurez-vous, si vous pouvez, un fourmillement d'holothuries.

Voir le dedans de la mer, c'est voir l'imagination de l'Inconnu. C'est la voir du côté terrible. Le gouffre est analogue à la nuit. Là aussi il y a sommeil, sommeil apparent du moins, de la conscience de la création. Là s'accomplissent en pleine sécurité les crimes de l'irresponsable. Là, dans une paix affreuse, les ébauches de la vie, presque fantômes, tout à fait démons, vaquent aux farouches occupations de l'ombre.

Il y a quarante ans, deux roches d'une forme extraordinaire signalaient de loin l'écueil Douvres aux passants de l'Océan. C'étaient deux pointes verticales, aiguës et recourbées, se touchant presque par le sommet. On croyait voir sortir de la mer les deux défenses d'un éléphant englouti. Seulement c'étaient les défenses, hautes comme des tours, d'un éléphant grand comme une montagne

Ces deux tours naturelles de l'obscure ville des monstres ne laissaient entre elles qu'un étroit passage où se ruait la lame. Ce passage, tortueux et ayant dans sa longueur plusieurs coudes, ressemblait à un tronçon de rue entre deux murs. On nommait ces roches jumelles les deux Douvres. Il y avait la grande Douvre et la petite Douvre; l'une avait soixante pieds de haut, l'autre quarante. Le va-et-vient de la vague a fini par donner un trait de scie dans la base de ces tours, et le violent coup d'équinoxe du 26 octobre 1859 en a renversé une. Celle qui reste, la petite, est tronquée et fruste.

Un des plus étranges rochers du groupe Douvres s'appelle l'Homme. Celui-là subsiste encore aujourd'hui. Au siècle dernier, des pêcheurs, fourvoyés sur ces brisants, trouvèrent au haut de ce rocher un cadavre. A côté de ce cadavre, il y avait quantité de coquillages vidés. Un homme avait naufragé à ce roc, s'y était réfugié, y avait vécu quelque temps de coquillages et y était mort. De là ce nom, l'Homme.

Les solitudes d'eau sont lugubres. C'est le tumulte et le silence. Ce qui se fait là ne regarde plus le genre humain. C'est de l'utilité inconnue. Tel est l'isolement du rocher Douvres. Tout autour, à perte de vue, l'immense tourment des flots.

II

DU COGNAC INESPÉRÉ

Le vendredi matin, lendemain du départ du *Tamaulipas*, la Durande partit pour Guernesey.

Elle quitta Saint-Malo à neuf heures.

Le temps était clair, pas de brume; le vieux capitaine Gertrais-Gaboureau parut avoir radoté.

Les préoccupations de sieur Clubin lui avaient décidément fait à peu près manquer son chargement. Il n'avait embarqué que quelques colis d'articles de Paris pour les boutiques de *fancy* de Saint-Pierre-Port, trois caisses pour l'hôpital de Guernesey, l'une de savon jaune, l'autre de chandelle à la baguette et la troisième de cuir de semelle français et de cordouan choisi. Il rapportait de son précédent chargement une caisse de sucre crushed et trois caisses de thé conjou que la douane française n'avait pas voulu admettre. Sieur Clubin avait embarqué peu de bétail ; quelques bœufs seulement. Ces bœufs étaient dans la cale assez négligemment arrimés.

Il y avait à bord six passagers : un guernesiais, deux malouins marchands de bestiaux, un « touriste », comme on disait déjà à cette époque, un parisien demi-bourgeois, probablement touriste du commerce, et un américain voyageant pour distribuer des bibles.

La Durande, sans compter Clubin, le capitaine, portait sept hommes d'équipage : un timonier, un matelot charbonnier, un matelot charpentier, un cuisinier, manœuvrier au besoin, deux chauffeurs et un mousse. L'un des deux chauffeurs était en même temps mécanicien. Ce chauffeur-mécanicien, très-brave et très-intelligent nègre hollandais, évadé des sucreries de Surinam, s'appelait Imbrancam. Le nègre Imbrancam comprenait et servait admirablement la machine. Dans les premiers temps, il n'avait pas peu contribué, apparaissant tout noir dans sa fournaise, à donner un air diabolique à la Durande.

Le timonier, jersiais de naissance et cotentin d'origine, se nommait Tangrouille. Tangrouille était d'une haute noblesse.

Ceci était vrai à la lettre. Les îles de la Manche sont, comme l'Angleterre, un pays hiérarchique. Il y existe encore des castes. Les castes ont leurs idées, qui sont leurs défenses. Ces idées des castes sont partout, les mêmes, dans l'Inde comme en Allemagne. La noblesse se conquiert par l'épée et se perd par le travail. Elle se conserve par l'oisiveté. Ne rien faire, c'est vivre noblement; quiconque ne travaille pas est honoré. Un métier fait déchoir. En France autrefois, il n'y avait d'exception que pour les verriers. Vider des bouteilles étant un peu la gloire des gentilshommes, faire des bouteilles ne leur était point déshonneur. Dans l'archipel de la Manche, ainsi que dans la

Grande-Bretagne, qui veut rester noble doit rester riche. Un workman ne peut être un gentleman. L'eût-il été, il ne l'est plus. Tel matelot descend des chevaliers bannerets et n'est qu'un matelot. Il y a trente ans, à Aurigny, un Gorges authentique, qui aurait eu des droits à la seigneurie de Gorges confisquée par Philippe-Auguste, ramassait du varech pieds nus dans la mer. Un Carteret est charretier à Serk. Il existe à Jersey un drapier et à Guernesey un cordonnier nommés Gruchy qui se déclarent Grouchy et cousins du maréchal de Waterloo. Les anciens pouillés de l'évêché de Coutances font mention d'une seigneurie de Tangroville, parente évidente de Tancarville sur la Basse-Seine, qui est Montmorency. Au quinzième siècle Johan de Héroudeville, archer et étoffe du sire de Tangroville, portait derrière lui « son corset et ses autres harnois ». En mai 1371, à Pontorson, à la montre de Bertrand du Guesclin, « monsieur de « Tangroville a fait son devoir comme chevalier « bachelor ». Dans les îles normandes, si la misère survient, on est vite éliminé de la noblesse. Un changement de prononciation suffit. *Tangroville* devient *Tangrouille*, et tout est dit.

C'est ce qui était arrivé au timonier de la Durande.

Il y a à Saint-Pierre-Port, au Bordage, un marchand de ferraille appelé Ingrouille qui est probablement un Ingroville. Sous Louis le Gros, les Ingroville possédaient trois paroisses dans l'élection de Valognes. Un abbé Trigan a fait l'*Histoire ecclésiastique de Normandie*. Ce chroniqueur Trigan était curé de la seigneurie de Digoville. Le sire de Digoville, s'il était tombé en roture, se nommerait *Digouille*.

Tangrouille, ce Tancarville probable et ce Montmorency possible, avait cette antique qualité de gentilhomme, défaut grave pour un timonier : il s'enivrait.

Sieur Clubin s'était obstiné à le garder. Il en avait répondu à mess Lethierry.

Le timonier Tangrouille ne quittait jamais le navire et couchait à bord.

La veille du départ, quand sieur Clubin était venu, à une heure assez avancée de la soirée, faire la visite du bâtiment, Tangrouille était dans son branle et dormait.

Dans la nuit Tangrouille s'était réveillé. C'était

son habitude nocturne. Tout ivrogne qui n'est pas son maître a sa cachette. Tangrouille avait la sienne, qu'il nommait sa cambuse. La cambuse secrète de Tangrouille était dans la cale à l'eau. Il l'avait mise là pour la rendre invraisemblable. Il croyait être sûr que cette cachette n'était connue que de lui seul. Le capitaine Clubin, étant sobre, était sévère. Le peu de rhum et de gin que le timonier pouvait dérober au guet vigilant du capitaine, il le tenait en réserve dans ce coin mystérieux de la cale à l'eau, au fond d'une baille de sonde, et presque toutes les nuits il avait un rendez-vous amoureux avec cette cambuse. La surveillance était rigoureuse, l'orgie était pauvre, et d'ordinaire les excès nocturnes de Tangrouille se bornaient à deux ou trois gorgées, avalées furtivement. Parfois même la cambuse était vide. Cette nuit-là Tangrouille y avait trouvé une bouteille d'eau-de-vie inattendue. Sa joie avait été grande, et sa stupeur plus grande encore. De quel ciel lui tombait cette bouteille? Il n'avait pu se rappeler quand ni comment il l'avait apportée dans le navire. Il l'avait bue immédiatement. Un peu par prudence ; de peur que cette eau-de-vie ne fût découverte et saisie. Il avait jeté la bouteille à la mer. Le lendemain, quand il prit la barre, Tangrouille avait une certaine oscillation.

Il gouverna pourtant à peu près comme d'ordinaire.

Quant à Clubin, il était, on le sait, revenu coucher à l'Auberge Jean.

Clubin portait toujours sous sa chemise une ceinture de voyage en cuir où il gardait un en-cas d'une vingtaine de guinées et qu'il ne quittait que la nuit. Dans l'intérieur de cette ceinture, il y avait son nom, *sieur Clubin,* écrit par lui-même sur le cuir brut à l'encre grasse lithographique, qui est indélébile.

En se levant, avant de partir, il avait mis dans cette ceinture la boîte de fer contenant les soixante-quinze mille francs en bank-notes, puis il s'était comme d'habitude bouclé la ceinture autour du corps.

III

PROPOS INTERROMPUS.

Le départ se fit allégrement. Les voyageurs, sitôt leurs valises et leurs portemanteaux installés sur et sous les bancs, passèrent cette revue du bateau à laquelle on ne manque jamais, et qui semble obligatoire tant elle est habituelle. Deux des passagers, le touriste et le parisien, n'avaient jamais vu de bateau à vapeur, et, dès les premiers tours de roue, ils admirèrent l'écume. Puis ils admirèrent la fumée. Ils examinèrent pièce à pièce, et presque brin à brin, sur le pont et dans l'entre-pont, tous ces appareils maritimes d'anneaux, de crampons, de crochets, de boulons, qui à force de précision et d'ajustement sont une sorte de colossale bijouterie; bijouterie de fer dorée avec de la rouille par la tempête. Ils firent le tour du petit canon d'alarme amarré sur le pont, « à la chaîne comme un chien de garde », observa le touriste, et « couvert d'une blouse de toile goudronnée pour l'empêcher de s'enrhumer », ajouta le parisien. En s'éloignant de terre, on échangea les observations d'usage sur la perspective de Saint-Malo; un passager émit l'axiome que les approches de mer trompent, et qu'à une lieue de la côte rien ne ressemble à Ostende comme Dunkerque. On compléta ce qu'il y avait à dire sur Dunkerque par cette observation que ses deux navires-vigies peints en rouge s'appellent l'un *Ruytingen* et l'autre *Mardyck*.

Saint-Malo s'amincit au loin, puis s'effaça.

L'aspect de la mer était le vaste calme. Le sillage faisait dans l'océan derrière le navire une longue rue frangée d'écume qui se prolongeait presque sans torsion à perte de vue.

Guernesey est au milieu d'une ligne droite qu'on tirerait de Saint-Malo en France à Exeter en Angleterre. La ligne droite en mer n'est pas toujours la ligne logique. Pourtant les bateaux à vapeur ont, jusqu'à un certain point, le pouvoir de suivre la ligne droite refusée aux bateaux à voiles.

La mer, compliquée du vent, est un composé de forces. Un navire est un composé de machines. Les forces sont des machines infinies, les machines sont des forces limitées. C'est entre ces deux organismes, l'un inépuisable, l'autre intelligent, que s'engage ce combat qu'on appelle la navigation.

Une volonté dans un mécanisme fait contre-poids à l'infini. L'infini, lui aussi, contient un mécanisme. Les éléments savent ce qu'ils font et où ils vont. Aucune force n'est aveugle. L'homme doit épier les forces, et tâcher de découvrir leur itinéraire.

En attendant que la loi soit trouvée, la lutte continue, et dans cette lutte la navigation à la vapeur est une sorte de victoire perpétuelle que le génie humain remporte à toute heure du jour sur tous les points de la mer. La navigation à la vapeur a cela d'admirable qu'elle discipline le navire. Elle diminue l'obéissance au vent et augmente l'obéissance à l'homme.

Jamais la Durande n'avait mieux travaillé en mer que ce jour-là. Elle se comportait merveilleusement.

Vers onze heures, par une fraîche brise de nord-nord-ouest, la Durande se trouvait au large des Minquiers, donnant peu de vapeur, naviguant à l'ouest, tribord amures et au plus près du vent. Le temps était toujours clair et beau. Cependant les chalutiers rentraient.

Peu à peu, comme si chacun songeait à regagner le port, la mer se nettoyait de navires.

On ne pouvait dire que la Durande tînt tout à fait sa route accoutumée. L'équipage n'avait aucune préoccupation, la confiance dans le capitaine était absolue; toutefois, peut-être par la faute du timonier, il y avait quelque déviation. La Durande paraissait plutôt aller vers Jersey que vers Guernesey. Un peu après onze heures, le capitaine rectifia la direction et l'on mit franchement le cap sur Guernesey. Ce ne fut qu'un peu de temps perdu.

Dans les jours courts le temps perdu a ses inconvénients. Il faisait un beau soleil de février.

Tangrouille, dans l'état où il était, n'avait plus le pied très-sûr ni le bras très-ferme. Il en résultait que le brave timonier embardait souvent, ce qui ralentissait la marche.

Le vent était à peu près tombé.

Le passager guernesiais, qui tenait à la main une longue-vue, la braquait de temps en temps sur un petit flocon de brume grisâtre lentement charrié par le vent à l'extrême horizon à l'ouest, et qui ressemblait à une ouate où il y aurait de la poussière.

Le capitaine Clubin avait son austère mine puritaine ordinaire. Il paraissait redoubler d'attention.

Tout était paisible et presque riant à bord de la Durande, les passagers causaient. En fermant les yeux dans une traversée, on peut juger de l'état de la mer par le trémolo des conversations. La pleine liberté d'esprit des passagers répond à la parfaite tranquillité de l'eau.

Il est impossible, par exemple, qu'une conversation telle que celle-ci ait lieu autrement que par une mer très-calme :

— Monsieur, voyez donc cette jolie mouche verte et rouge.

— Elle s'est égarée en mer et se repose sur le navire.

— Une mouche se fatigue peu.

— Au fait, c'est si léger. Le vent la porte.

— Monsieur, on a pesé une once de mouches, puis on les a comptées, et l'on en a trouvé six mille deux cent soixante-huit.

Le guernesiais à la longue-vue avait abordé les malouins marchands de bœufs, et leur parlage était quelque chose en ce genre :

— Le bœuf d'Aubrac a le torse rond et trapu, les jambes courtes, le pelage fauve. Il est lent au travail, à cause de la brièveté des jambes.

— Sous ce rapport, le salers vaut mieux que l'aubrac.

— Monsieur, j'ai vu deux beaux bœufs dans ma vie. Le premier avait les jambes basses, l'avant épais, la culotte pleine, les hanches larges, une bonne longueur de la nuque à la croupe, une bonne hauteur au garrot, les maniements riches, la peau facile à détacher. Le second offrait tous les signes d'un engraissement judicieux. Torse ramassé, encolure forte, jambes légères, robe blanche et rouge, culotte retombante.

— Ça, c'est la race cotentine.

— Oui, mais ayant eu quelque rapport avec le taureau angus ou le taureau suffolk.

— Monsieur, vous me croirez si vous voulez, dans le midi il y a des concours d'ânes.

— D'ânes?

— D'ânes. Comme j'ai l'honneur. Et ce sont les laids qui sont les beaux.

— Alors c'est comme les mulassières. Ce sont les laides qui sont les bonnes.

— Justement. La jument poitevine. Gros ventre, grosses jambes.

— La meilleure mulassière connue, c'est une barrique sur quatre poteaux.

— La beauté des bêtes n'est pas la même que la beauté des hommes.

— Et surtout des femmes.

— C'est juste.

— Moi, je tiens à ce qu'une femme soit jolie.

— Moi, je tiens à ce qu'elle soit bien mise.

— Oui, nette, propre, tirée à quatre épingles, astiquée.

— L'air tout neuf. Une jeune fille, ça doit toujours sortir de chez le bijoutier.

— Je reviens à mes bœufs. J'ai vu vendre ces deux bœufs au marché de Thouars.

— Le marché de Thouars, je le connais. Les Bonneau de la Rochelle et les Babu, les marchands de blé de Marans, je ne sais pas si vous en avez entendu parler, devaient venir à ce marché-là.

Le touriste et le parisien causaient avec l'américain des bibles. La conversation, là aussi, était au beau fixe.

— Monsieur, disait le touriste, voici quel est le tonnage flottant du monde civilisé : France, sept cent seize mille tonneaux; Allemagne, un million; États-Unis, cinq millions; Angleterre, cinq millions cinq cent mille. Ajoutez le contingent des petits pavillons. Total : douze millions neuf cent quatre mille tonneaux distribués dans cent quarante-cinq mille navires épars sur l'eau du globe.

L'américain interrompit :

— Monsieur, ce sont les Etats-Unis qui ont cinq millions cinq cent mille.

— J'y consens, dit le touriste. Vous êtes américain ?

— Oui, monsieur.

— J'y consens encore.

Il y eut un silence, l'américain missionnaire se demanda si c'était le cas d'offrir une bible.

— Monsieur, repartit le touriste, est-il vrai que vous ayez le goût des sobriquets en Amérique au point d'en affubler tous vos gens célèbres, et que vous appeliez votre fameux banquier missourien, Thomas Benton, *le vieux Lingot?*

— De même que nous nommons Zacharie Taylor *le vieux Zach.*

— Et le général Harrison *le vieux Tip?* n'est-ce pas? et le général Jackson *le vieil Hickory?*

— Parce que Jackson est dur comme le bois hickory, et parce que Harrison a battu les peaux rouges à Tippecanoe.

— C'est une mode byzantine que vous avez là.

— C'est notre mode. Nous appelons Van Buren *le Petit-Sorcier*, Seward, qui a fait faire les petites coupures des billets de banque, *Billy-le-Petit*, et Douglas, le sénateur démocrate de l'Illinois, qui a quatre pieds de haut et une grande éloquence, *le Petit-Géant*. Vous pouvez aller du Texas au Maine, vous ne rencontrerez personne qui dise ce nom : Cass, on dit : *le grand Michigantier ;* ni ce nom : Clay, on dit : *le garçon de moulin à la balafre.* Clay est fils d'un meunier.

— J'aimerais mieux dire Clay ou Cass, observa le parisien, c'est plus court.

— Vous manqueriez d'usage du monde. Nous nommons Corwin, qui est secrétaire de la trésorerie, *le garçon de charrette.* Daniel Webster est *Dan-le-noir.* Quant à Winfield Scott, comme sa première pensée, après avoir battu les anglais à Chippeway, a été de se mettre à table, nous l'appelons *Vite-une-assiette-de-soupe.*

Le flocon de brume aperçu dans le lointain avait grandi. Il occupait maintenant sur l'horizon un segment d'environ quinze degrés. On eût dit un nuage se traînant sur l'eau faute de vent. Il n'y avait presque plus de brise. La mer était plate. Quoiqu'il ne fût pas midi, le soleil pâlissait. Il éclairait, mais ne chauffait plus.

— Je crois, dit le touriste, que le temps va changer.

— Nous aurons peut-être de la pluie, dit le parisien.

— Ou du brouillard, reprit l'américain.

— Monsieur, repartit le touriste, en Italie, c'est à Molfetta qu'il tombe le moins de pluie, et à Tolmezzo qu'il en tombe le plus.

A midi, selon l'usage de l'archipel, on sonna la cloche pour dîner. Dîna qui voulut. Quelques passagers portaient avec eux leur en-cas, et mangèrent gaiement sur le pont. Clubin ne dîna point.

Tout en mangeant, les conversations allaient leur train.

Le guernesiais, ayant le flair des bibles, s'était rapproché de l'américain. L'américain lui dit :

— Vous connaissez cette mer-ci?

— Sans doute, j'en suis.

— Et moi aussi, dit l'un des malouins.

Le guernesiais adhéra d'un salut, et reprit :

— A présent nous sommes au large, mais je n'aurais pas aimé avoir du brouillard quand nous étions devers les Minquiers.

L'américain dit au malouin :

— Les insulaires sont plus de la mer que les côtiers.

— C'est vrai, nous autres gens de la côte, nous n'avons que le demi-bain.

— Qu'est-ce que c'est que ça, les Minquiers? continua l'américain.

Le malouin répondit :

— C'est des cailloux très-mauvais.

— Il y a aussi les Grelets, fit le guernesiais.

— Parbleu, répliqua le malouin.

— Et les Chouas, ajouta le guernesiais.

Le malouin éclata de rire.

— A ce compte-là, dit-il, il y a aussi les Sauvages.

— Et les Moines, observa le guernesiais.

— Et le Canard, s'écria le malouin.

— Monsieur, repartit le guernesiais poliment, vous avez réponse à tout.

— Malouin, malin.

Cette réponse faite, le malouin cligna de l'œil.

Le touriste interposa une question.

— Est-ce que nous avons à traverser toute cette rocaille?

— Point. Nous l'avons laissée au sud-sud-est. Elle est derrière nous.

Et le guernesiais poursuivit :

— Tant gros rochers que menus, les Grelets ont cinquante-sept pointes.

— Et les Minquiers quarante-huit, dit le malouin.

Ici le dialogue se concentra entre le malouin et le guernesiais.

— Il me semble, monsieur de Saint-Malo, qu'il y a trois rochers que vous ne comptez pas.

— Je compte tout.

— De la Dérée au Maître-Ile?

— Oui.

— Et les Maisons?

— Qui sont sept rochers au milieu des Minquiers. Oui.

— Je vois que vous connaissez les pierres.

— Si on ne connaissait pas les pierres, on ne serait pas de Saint-Malo.

— Ça fait plaisir d'entendre les raisonnements des français.

Le malouin salua à son tour, et dit :

— Les Sauvages sont trois rochers.

— Et les Moines deux.

— Et le Canard un.

— Le Canard, ça dit un seul.

— Non, car la Suarde, c'est quatre rochers.

— Qu'appelez-vous la Suarde? demanda le guernesiais.

— Nous appelons la Suarde ce que vous appelez les Chouas.

— Il ne fait pas bon passer entre les Chouas et le Canard.

— Ça n'est possible qu'aux oiseaux.

— Et aux poissons.

— Pas trop. Dans les gros temps, ils se cognent aux murs.

— Il y a du sable dans les Minquiers.

— Autour des Maisons.

— C'est huit rochers qu'on voit de Jersey.

— De la grève d'Azette, c'est juste. Pas huit, sept.

— A mer retirée, on peut se promener dans les Minquiers.

— Sans doute, il y a de la découverte.

— Et les Dirouilles ?

— Les Dirouilles n'ont rien de commun avec les Minquiers.

— Je veux dire que c'est dangereux.

— C'est du côté de Granville.

— On voit que, comme nous, vous gens de Saint-Malo, vous avez amour de naviguer dans ces mers.

— Oui, répondit le malouin, avec cette différence que nous disons : nous avons habitude, et que vous dites : nous avons amour.

— Vous êtes de bons marins.

— Je suis marchand de bœufs.

— Qui donc était de Saint-Malo, déjà?

— Surcouf.

— Un autre?

— Duguay-Trouin.

Ici le voyageur du commerce parisien intervint.

— Duguay-Trouin? il fut pris par les anglais. Il était aussi aimable que brave. Il sut plaire à une jeune anglaise. Ce fut elle qui brisa ses fers.

En ce moment une voix tonnante cria :

— Tu es ivre!

IV

OÙ SE DÉROULENT TOUTES LES QUALITÉS
DU CAPITAINE CLUBIN

Tous se retournèrent.

C'était le capitaine qui interpellait le timonier.

Sieur Clubin ne tutoyait personne. Pour qu'il jetât au timonier Tangrouille une telle apostrophe, il fallait que Clubin fût fort en colère, ou voulût fort le paraître.

Un éclat de colère à propos dégage la responsabilité, et quelquefois la transpose.

Le capitaine, debout sur le pont de commandement entre les deux tambours, regardait fixement le timonier. Il répéta entre ses dents : Ivrogne ! L'honnête Tangrouille baissa la tête.

Le brouillard s'était développé. Il occupait maintenant près de la moitié de l'horizon. Il avançait dans tous les sens à la fois ; il y a dans le brouillard quelque chose de la goutte d'huile. Cette brume s'élargissait insensiblement. Le vent la poussait sans hâte et sans bruit. Elle prenait peu à peu possession de l'océan. Elle venait du nord-ouest et le navire l'avait devant sa proue. C'était comme une vaste falaise mouvante et vague. Elle se coupait sur la mer comme une muraille. Il y avait un point précis où l'eau immense entrait sous le brouillard et disparaissait.

Ce point d'entrée dans le brouillard était encore à une demi-lieue environ. Si le vent changeait, on pouvait éviter l'immersion dans la brume ; mais il fallait qu'il changeât tout de suite. La demi-lieue d'intervalle se comblait et décroissait à vue d'œil ; la Durande marchait, le brouillard marchait aussi. Il venait au navire et le navire allait à lui.

Clubin commanda d'augmenter la vapeur et d'obliquer à l'est.

On côtoya ainsi quelque temps le brouillard, mais il avançait toujours. Le navire pourtant était encore en plein soleil.

Le temps se perdait dans ces manœuvres qui pouvaient difficilement réussir. La nuit vient vite en février.

Le guernesiais considérait cette brume. Il dit aux malouins :

— Que c'est un hardi brouillard.

— Une vraie malpropreté sur la mer, observa l'un des malouins.

L'autre malouin ajouta :

— Voilà qui gâte une traversée.

Le guernesiais s'approcha de Clubin.

— Capitaine Clubin, j'ai peur que nous ne soyons gagnés par le brouillard.

Clubin répondit :

— Je voulais rester à Saint-Malo, mais on m'a conseillé de partir.

— Qui ça ?

— Des anciens.

— Au fait, reprit le guernesiais, vous avez eu raison de partir. Qui sait s'il n'y aura pas tempête demain? Dans cette saison, on peut attendre pour du pire.

Quelques minutes après, la Durande entrait dans le banc de brume.

Ce fut un instant singulier. Tout à coup ceux qui étaient à l'arrière ne virent plus ceux qui étaient à l'avant. Une molle cloison grise coupa en deux le bateau.

Puis le navire entier plongea sous la brume. Le soleil ne fut plus qu'une espèce de grosse lune. Brusquement, tout le monde grelotta. Les passagers endossèrent leurs pardessus et les matelots leurs suroits. La mer, presque sans un pli, avait la froide menace de la tranquillité. Il semble qu'il y ait un sous-entendu dans cet excès de calme. Tout était blafard et blême. La cheminée noire et la fumée noire luttaient contre cette lividité qui enveloppait le navire.

La dérivation à l'est était sans but désormais. Le capitaine remit le cap sur Guernesey et augmenta la vapeur.

Le passager guernesiais, rôdant autour de la

chambre à feu, entendit le nègre Imbrancam qui parlait au chauffeur son camarade. Le passager prêta l'oreille. Le nègre disait :

— Ce matin dans le soleil nous allions lentement; à présent dans le brouillard nous allons vite.

Le guernesiais revint vers sieur Clubin.

— Capitaine Clubin, il n'y a pas de soin; pourtant ne donnons-nous pas trop de vapeur?

— Que voulez-vous, monsieur? Il faut bien regagner le temps perdu par la faute de cet ivrogne de timonier.

— C'est vrai, capitaine Clubin.

Et Clubin ajouta :

— Je me dépêche d'arriver. C'est assez du brouillard, ce serait trop de la nuit.

Le guernesiais rejoignit les malouins, et leur dit :

— Nous avons un excellent capitaine.

Par intervalles, de grandes lames de brume, qu'on eût dit cardées, survenaient pesamment et cachaient le soleil. Ensuite, il reparaissait, plus pâle et comme malade. Le peu qu'on entrevoyait du ciel ressemblait aux bandes d'air sales et tachées d'huile d'un vieux décor de théâtre.

La Durande passa à proximité d'un coutre qui avait jeté l'ancre par prudence. C'était le *Shealtiel* de Guernesey. Le patron du coutre remarqua la vitesse de la Durande. Il lui sembla aussi qu'elle n'était pas dans la route exacte. Elle lui parut trop appuyer à l'ouest. Ce navire à toute vapeur dans le brouillard l'étonna.

Vers deux heures, la brume était si épaisse que le capitaine dut quitter la passerelle et se rapprocher du timonier. Le soleil s'était évanoui, tout était brouillard. Il y avait sur la Durande une sorte d'obscurité blanche. On naviguait dans de la pâleur diffuse. On ne voyait plus le ciel et on ne voyait plus la mer.

Il n'y avait plus de vent.

Le bidon à térébenthine suspendu à un anneau sous la passerelle des tambours n'avait pas même une oscillation.

Les passagers étaient devenus silencieux.

Toutefois le parisien, entre ses dents, fredonnait la chanson de Béranger *Un jour le bon Dieu s'éveillant.*

Un des malouins lui adressa la parole.

— Monsieur vient de Paris?

— Oui, monsieur. *Il mit la tête à la fenêtre.*

— Qu'est-ce qu'on fait à Paris?

— *Leur planète a péri peut-être.* — Monsieur, à Paris tout marche de travers.

— Alors c'est sur terre comme sur mer.

— C'est vrai que nous avons là un fichu brouillard.

— Et qui peut faire des malheurs.

Le parisien s'écria :

— Mais pourquoi ça, des malheurs! à propos de quoi, des malheurs! à quoi ça sert-il, des malheurs! C'est comme l'incendie de l'Odéon. Voilà des familles sur la paille. Est-ce que c'est juste? Tenez, monsieur, je ne connais pas votre religion, mais moi je ne suis pas content.

— Ni moi, fit le malouin.

— Tout ce qui se passe ici-bas, reprit le parisien, fait l'effet d'une chose qui se détraque. J'ai dans l'idée que le bon Dieu n'y est pas.

Le malouin se gratta le haut de la tête comme quelqu'un qui cherche à comprendre. Le parisien continua :

— Le bon Dieu est absent. On devrait rendre un décret pour forcer Dieu à résidence. Il est à sa maison de campagne et ne s'occupe pas de nous. Aussi tout va de guingois. Il est évident, mon cher monsieur, que le bon Dieu n'est plus dans le gouvernement, qu'il est en vacances, et que c'est le vicaire, quelque ange séminariste, quelque crétin avec des ailes de moineau, qui mène les affaires.

Moineau fut articulé *moigneau*, prononciation de gamin faubourien.

Le capitaine Clubin, qui s'était approché des deux causeurs, posa sa main sur l'épaule du parisien.

— Chut! dit-il. Monsieur, prenez garde à vos paroles. Nous sommes en mer.

Personne ne dit plus mot.

Au bout de cinq minutes, le guernesiais, qui avait tout entendu, murmura à l'oreille du malouin :

— Et un capitaine religieux!

Il ne pleuvait pas, et l'on se sentait mouillé. On ne se rendait compte du chemin qu'on faisait que par une augmentation de malaise. Il semblait qu'on entrât dans de la tristesse. Le brouillard fait le silence sur l'océan ; il assoupit la vague et étouffe le vent. Dans ce silence, le râle de la Durande avait on ne sait quoi d'inquiet et de plaintif.

On ne rencontrait plus de navires. Si, au loin, soit du côté de Guernesey, soit du côté de Saint-Malo, quelques bâtiments étaient en mer hors du brouillard, pour eux la Durande, submergée dans la brume, n'était pas visible, et sa longue fumée, rattachée à rien, leur faisait l'effet d'une comète noire dans un ciel blanc.

Tout à coup Clubin cria :

— Faichien ! tu viens de donner un faux coup. Tu vas nous faire des avaries. Tu mériterais d'être mis aux fers. Va-t'en, ivrogne !

Et il prit la barre.

Le timonier humilié se réfugia dans les manœuvres de l'avant.

Le guernesiais dit :

— Nous voilà sauvés.

La marche continua, rapide.

Vers trois heures le dessous de la brume commença à se soulever, et l'on revit de la mer.

— Je n'aime pas ça, dit le guernesiais.

La brume en effet ne peut être soulevée que par le soleil ou par le vent. Par le soleil, c'est bon ; par le vent, c'est moins bon. Or il était trop tard pour le soleil. A trois heures, en février, le soleil faiblit. Une reprise de vent, à ce point critique de la journée, est peu désirable. C'est souvent une annonce d'ouragan.

Du reste, s'il y avait de la brise, on la sentait à peine.

Clubin, l'œil sur l'habitacle, tenant la barre et gouvernant, mâchait entre ses dents des paroles comme celles-ci qui arrivaient jusqu'aux passagers :

— Pas de temps à perdre. Cet ivrogne nous a retardés.

Son visage était d'ailleurs absolument sans expression.

La mer était moins dormante sous la brume. On y entrevoyait quelques lames. Des lumières glacées flottaient à plat sur l'eau. Ces plaques de lueur sur la vague préoccupent les marins. Elles indiquent des trouées faites par le vent supérieur dans le plafond de brume. La brume se soulevait, et retombait plus dense. Parfois l'opacité était complète. Le navire était pris dans une vraie banquise de brouillard. Par intervalles ce cercle redoutable s'entr'ouvrait comme une tenaille, laissait voir un peu d'horizon, puis se refermait.

Le guernesiais, armé de sa longue-vue, se tenait comme une vedette à l'avant du bâtiment.

Une éclaircie se fit, puis s'effaça.

Le guernesiais se retourna effaré :

— Capitaine Clubin!

— Qu'y a-t-il?

— Nous gouvernons droit sur les Hanois.

— Vous vous trompez, dit Clubin froidement.

Le guernesiais insista :

— J'en suis sûr.

— Impossible.

— Je viens d'apercevoir du caillou à l'horizon.

— Où?

— Là.

— C'est le large. Impossible.

Et Clubin maintint le cap sur le point indiqué par le passager.

Le guernesiais ressaisit sa longue-vue.

Un moment après il accourut à l'arrière.

— Capitaine!

— Eh bien?

— Virez de bord.

— Pourquoi?

— Je suis sûr d'avoir vu de la roche très-haute et tout près. C'est le grand Hanois.

— Vous aurez vu du brouillard plus épais.

— C'est le grand Hanois. Virez de bord, au nom du ciel !

Clubin donna un coup de barre.

V

CLUBIN MET LE COMBLE A L'ADMIRATION

On entendit un craquement. Le déchirement d'un flanc de navire sur un bas-fond en pleine mer est un des bruits les plus lugubres qu'on puisse rêver. La Durande s'arrêta court.

Du choc plusieurs passagers tombèrent et roulèrent sur le pont.

Le guernesiais leva les mains au ciel.

— Sur les Hanois! quand je le disais!

Un long cri éclata sur le navire.

— Nous sommes perdus.

La voix de Clubin, sèche et brève, domina le cri.

— Personne n'est perdu! Et silence!

Le torse noir d'Imbrancam nu jusqu'à la ceinture sortit du carré de la chambre à feu.

Le nègre dit avec calme :

— Capitaine, l'eau entre. La machine va s'éteindre.

Le moment fut épouvantable.

Le choc avait ressemblé à un suicide. On l'eût fait exprès qu'il n'eût pas été plus terrible. La Durande s'était ruée comme si elle attaquait le rocher. Une pointe de roche était entrée dans le navire comme un clou. Plus d'une toise carrée de vaigres avait éclaté, l'étrave était rompue, l'élancement fracassé, l'avant effrondré, la coque, ouverte, buvait la mer avec un bouillonnement horrible. C'était une plaie par où entrait le naufrage. Le contre-coup avait été si violent qu'il avait brisé à l'arrière les sauvegardes du gouvernail, descellé et battant. On était défoncé par l'écueil, et autour du navire on ne voyait rien que le brouillard épais et compacte, et maintenant presque noir. La nuit arrivait.

La Durande plongeait de l'avant. C'était le cheval qui a dans les entrailles le coup de corne du taureau. Elle était morte.

L'heure de la demi-remontée se faisait sentir sur la mer.

Tangrouille était dégrisé; personne n'est ivre dans un naufrage; il descendit dans l'entre-pont, remonta et dit :

— Capitaine, l'eau barrotte la cale. Dans dix minutes, l'eau sera au ras des dalots.

Les passagers couraient sur le pont éperdus, se tordant les bras, se penchant par-dessus le bord, regardant la machine, faisant tous les mouvements inutiles de la terreur. Le touriste s'était évanoui.

Clubin fit signe de la main, on se tut. Il interrogea Imbrancam :

— Combien de temps la machine peut-elle travailler encore?

— Cinq ou six minutes.

Puis il interrogea le passager guernesiais :

— J'étais à la barre. Vous avez observé le

rocher. Sur quel banc des Hanois sommes-nous?

— Sur la Mauve. Tout à l'heure dans l'éclaircie, j'ai très-bien reconnu la Mauve.

— Étant sur la Mauve, reprit Clubin, nous avons le grand Hanois à bâbord et le petit Hanois à tribord. Nous sommes à un mille de terre.

L'équipage et les passagers écoutaient, frémissants d'anxiété et d'attention, l'œil fixé sur le capitaine.

Alléger le navire était sans but, et d'ailleurs impossible. Pour vider la cargaison à la mer, il eût fallu ouvrir les sabords et augmenter les chances d'entrée de l'eau. Jeter l'ancre était inutile; on était cloué. D'ailleurs, sur ce fond à faire basculer l'ancre, la chaîne eût probablement surjouaillé. La machine n'étant pas endommagée et restant à la disposition du navire tant que le feu ne serait pas éteint, c'est-à-dire pour quelques minutes encore, on pouvait faire force de roues et de vapeur, reculer et s'arracher de l'écueil. En ce cas, on sombrait immédiatement. Le rocher, jusqu'à un certain point, bouchait l'avarie et gênait le passage de l'eau. Il faisait obstacle. L'ouverture désobstruée, il serait impossible d'aveugler la voie d'eau et de franchir les pompes. Qui retire le poignard d'une plaie au cœur, tue sur-le-champ le blessé. Se dégager du rocher, c'était couler à fond.

Les bœufs, atteints par l'eau dans la cale, commençaient à mugir.

Clubin commanda :

— La chaloupe à la mer.

Imbrancam et Tangrouille se précipitèrent et défirent les amarres. Le reste de l'équipage regardait, pétrifié.

— Tous à la manœuvre, cria Clubin.

Cette fois, tous obéirent.

Clubin, impassible, continua, dans cette vieille langue de commandement que ne comprendraient pas les marins d'à présent :

— Abraquez. — Faites une marguerite si le cabestan est entravé. — Assez de virage. — Amenez. — Ne laissez pas se joindre les poulies des francs-funains. — Affalez. — Amenez vivement des deux bouts. — Ensemble. — Garez qu'elle ne pique. — Il y a trop de frottement. — Touchez les garants de la caliorne. — Attention.

La chaloupe était en mer.

Au même instant, les roues de la Durande s'arrêtèrent, la fumée cessa, le fourneau etait noyé.

Les passagers, glissant le long de l'échelle ou s'accrochant aux manœuvres courantes, se laissèrent tomber dans la chaloupe plus qu'ils n'y descendirent. Imbrancam enleva le touriste évanoui, le porta dans la chaloupe, puis remonta sur le navire.

Les matelots se ruaient à la suite des passagers. Le mousse avait roulé sous les pieds; on marchait sur l'enfant.

Imbrancam barra le passage.

— Personne avant le moço, dit-il.

Il écarta de ses deux bras noirs les matelots, saisit le mousse, et le tendit au passager guernesiais qui, debout dans la chaloupe, reçut l'enfant.

Le mousse sauvé, Imbrancam se rangea et dit aux autres :

— Passez.

Cependant Clubin était allé à sa cabine et avait fait un paquet des papiers du bord et des instruments. Il ôta la boussole de l'habitacle. Il remit les papiers et les instruments à Imbrancam et la boussole à Tangrouille, et leur dit : Descendez dans la chaloupe.

Ils descendirent. L'équipage les avait précédés. La chaloupe était pleine. Le flot rasait le bord.

— Maintenant, cria Clubin, partez.

Un cri s'éleva de la chaloupe.

— Et vous, capitaine?

— Je reste.

Des gens qui naufragent ont peu le temps de délibérer et encore moins le temps de s'attendrir. Cependant ceux qui étaient dans la chaloupe, et relativement en sûreté, eurent une émotion qui n'était pas pour eux-mêmes. Toutes les voix insistèrent en même temps.

— Venez avec nous, capitaine.

— Je reste.

Le guernesiais, qui était au fait de la mer, répliqua :

— Capitaine, écoutez. Vous êtes échoué sur les Hanois. A la nage on n'a qu'un mille à faire pour gagner Plainmont. Mais en barque on ne peut aborder qu'à la Rocquaine, et c'est deux milles. Il y a des brisants et du brouillard. Cette chaloupe n'arrivera pas à la Rocquaine avant deux heures d'ici. Il fera nuit noire. La marée monte, le vent fraîchit. Une bourrasque est proche. Nous ne demandons pas mieux que de revenir vous chercher, mais si le gros temps éclate, nous ne pourrons pas. Vous êtes perdu si vous demeurez. Venez avec nous.

Le parisien intervint :

— La chaloupe est pleine et trop pleine, c'est vrai, et un homme de plus ce sera un homme de trop. Mais nous sommes treize, c'est mauvais pour la barque, et il vaut encore mieux la surcharger d'un homme que d'un chiffre. Venez, capitaine.

Tangrouille ajouta :

— Tout est de ma faute, et pas de la vôtre. Ce n'est pas juste que vous demeuriez.

— Je reste, dit Clubin. Le navire sera dépecé par la tempête cette nuit. Je ne le quitterai pas. Quand le navire est perdu, le capitaine est mort. On dira de moi : Il a fait son devoir jusqu'au bout. Tangrouille, je vous pardonne.

Et croisant les bras, il cria :

— Attention au commandement. Largue en bande l'amarre. Partez.

La chaloupe s'ébranla. Imbrancam avait saisi le gouvernail. Toutes les mains qui ne ramaient pas s'élevèrent vers le capitaine. Toutes les bouches crièrent : Hurrah pour le capitaine Clubin !

— Voilà un admirable homme, dit l'américain.

— Monsieur, répondit le guernesiais, c'est le plus honnête homme de toute la mer.

Tangrouille pleurait.

— Si j'avais eu du cœur, murmura-t-il à demi-voix, je serais demeuré avec lui.

La chaloupe s'enfonça dans le brouillard et s'effaça.

On ne vit plus rien.

Le frappement des rames décrut et s'évanouit.

Clubin resta seul.

VI

UN INTÉRIEUR D'ABIME, ÉCLAIRÉ

Quand cet homme se vit sur ce rocher, sous ce nuage, au milieu de cette eau, loin de tout contact vivant, loin de tout bruit humain, laissé pour mort, seul entre la mer qui montait et la nuit qui venait, il eut une joie profonde.

Il avait réussi.

Il tenait son rêve. La lettre de change à longue

échéance qu'il avait tirée sur la destinée, lui était payée.

Pour lui, être abandonné, c'était être délivré. Il était sur les Hanois, à un mille de la terre; il avait soixante-quinze mille francs. Jamais plus savant naufrage n'avait été accompli. Rien n'avait manqué; il est vrai que tout était prévu. Clubin, dès sa jeunesse, avait eu une idée : mettre l'honnêteté comme enjeu dans la roulette de la vie, passer pour homme probe et partir de là, attendre sa belle, laisser la martingale s'enfler, trouver le joint, deviner le moment; ne pas tâtonner, saisir; faire un coup et n'en faire qu'un, finir par une rafle, laisser derrière lui les imbéciles. Il entendait réussir en une fois ce que les escrocs bêtes manquent vingt fois de suite, et, tandis qu'ils aboutissent à la potence, aboutir, lui, à la fortune. Rantaine rencontré avait été son trait de lumière. Il avait immédiatement construit son plan. Faire rendre gorge à Rantaine; quant à ses révélations possibles, les frapper de nullité en disparaissant; passer pour mort, la meilleure des disparitions; pour cela, perdre la Durande. Ce naufrage était nécessaire. Par-dessus le marché, s'en aller en laissant une bonne renommée, ce qui faisait de toute son existence un chef-d'œuvre. Qui eût vu Clubin dans ce naufrage eût cru voir un démon, heureux.

Il avait vécu toute sa vie pour cette minute-là.

Toute sa personne exprima ce mot : Enfin ! Une sérénité épouvantable blêmit sur ce front obscur. Son œil terne et au fond duquel on croyait voir une cloison, devint profond et terrible. L'embrasement intérieur de cette âme s'y réverbéra.

Le for intérieur a, comme la nature externe, sa tension électrique. Une idée est un météore ; à l'instant du succès, les méditations amoncelées qui l'ont préparé s'entr'ouvrent, et il en jaillit une étincelle ; avoir en soi la serre du mal et sentir une proie dedans, c'est un bonheur qui a son rayonnement ; une mauvaise pensée qui triomphe illumine un visage ; de certaines combinaisons réussies, de certains buts atteints, de certaines félicités féroces, font apparaître et disparaître dans les yeux des hommes de lugubres épanouissements lumineux. C'est de l'orage joyeux, c'est de l'aurore menaçante. Cela sort de la conscience, devenue ombre et nuée.

Il éclaira dans cette prunelle.

Cet éclair ne ressemblait à rien de ce qu'on peut voir luire là-haut ni ici-bas.

Le coquin comprimé qui était en Clubin fit explosion.

Clubin regarda l'obscurité immense, et ne put retenir un éclat de rire bas et sinistre.

Il était donc libre! il était donc riche!

Son inconnue se dégageait enfin. Il résolvait son problème.

Clubin avait du temps devant lui. La marée montait, et par conséquent soutenait la Durande, qu'elle finirait même par soulever. Le navire adhérait solidement à l'écueil; nul danger de sombrer. En outre, il fallait laisser à la chaloupe le temps de s'éloigner, de se perdre peut-être; Clubin l'espérait.

Debout sur la Durande naufragée, il croisa les bras, savourant cet abandon dans les ténèbres.

L'hypocrisie avait pesé trente ans sur cet homme. Il était le mal et s'était accouplé à la probité. Il haïssait la vertu d'une haine de mal marié. Il avait toujours eu une préméditation scélérate; depuis qu'il avait l'âge d'homme, il portait cette armure

rigide, l'apparence. Il était monstre en dessous ;
il vivait dans une peau d'homme de bien avec un
cœur de bandit. Il était le pirate doucereux. Il
était le prisonnier de l'honnêteté; il était enfermé
dans cette boîte de momie, l'innocence; il avait
sur le dos des ailes d'ange, écrasantes pour un
gredin. Il était surchargé d'estime publique. Passer
pour honnête homme, c'est dur. Maintenir toujours cela en équilibre, penser mal et parler bien,
quel labeur! Il avait été le fantôme de la droiture,
étant le spectre du crime. Ce contre-sens avait été
sa destinée. Il lui avait fallu faire bonne contenance, rester présentable, écumer au-dessous du
niveau, sourire ses grincements de dents. La vertu
pour lui, c'était la chose qui étouffe. Il avait passé
sa vie à avoir envie de mordre cette main sur sa
bouche.

En voulant la mordre, il avait dû la baiser.

Avoir menti, c'est avoir souffert. Un hypocrite
est un patient dans la double acception du mot; il
calcule un triomphe et endure un supplice. La
préméditation indéfinie d'un mauvais coup accompagnée et dosée d'austérité, l'infamie intérieure
assaisonnée d'excellente renommée, donner conti-

nuellement le change, n'être jamais soi, faire illusion, c'est une fatigue. Avec tout ce noir qu'on broie en son cerveau composer de la candeur, vouloir dévorer ceux qui vous vénèrent, être caressant, se retenir, se réprimer, toujours être sur le qui-vive, se guetter sans cesse, donner bonne mine à son crime latent, faire sortir sa difformité en beauté, se fabriquer une perfection avec sa méchanceté, chatouiller du poignard, sucrer le poison, veiller sur la rondeur de son geste et sur la musique de sa voix, ne pas avoir son regard, rien n'est plus difficile, rien n'est plus douloureux. L'odieux de l'hypocrisie commence obscurément dans l'hypocrite. Boire perpétuellement son imposture est une nausée. La douceur que la ruse donne à la scélératesse répugne au scélérat, continuellement forcé d'avoir ce mélange dans la bouche, et il y a des instants de haut-le-cœur où l'hypocrite est sur le point de vomir sa pensée. Ravaler cette salive est horrible. Ajoutez à cela le profond orgueil. Il existe des minutes bizarres où l'hypocrite s'estime. Il y a un moi démesuré dans le fourbe. Le ver a le même glissement que le dragon et le même redressement. Le traître n'est autre chose qu'un despote gêné qui ne peut faire sa volonté qu'en se résignant au deuxième rôle. C'est de la petitesse capable d'énormité. L'hypocrite est un titan, nain.

Clubin se figurait de bonne foi qu'il avait été opprimé. De quel droit n'était-il pas né riche? Il n'aurait pas mieux demandé que d'avoir de ses père et mère cent mille livres de rente. Pourquoi ne les avait-il pas? Ce n'était pas sa faute, à lui. Pourquoi, en ne lui donnant pas toutes les jouissances de la vie, le forçait-on à travailler, c'est-à-dire à tromper, à trahir, à détruire? Pourquoi, de cette façon, l'avait-on condamné à cette torture de flatter, de ramper, de complaire, de se faire aimer et respecter, et d'avoir jour et nuit sur la face un autre visage que le sien? Dissimuler est une violence subie. On hait devant qui l'on ment. Enfin l'heure avait sonné. Clubin se vengeait.

De qui? De tous, et de tout.

Lethierry ne lui avait fait que du bien; grief de plus; il se vengeait de Lethierry.

Il se vengeait de tous ceux devant lesquels il s'était contraint. Il prenait sa revanche. Quiconque avait pensé du bien de lui était son ennemi. Il avait été le captif de cet homme-là.

Clubin était en liberté. Sa sortie était faite. Il était hors des hommes. Ce qu'on prendrait pour sa mort, était sa vie; il allait commencer. Le vrai Clubin dépouillait le faux. D'un coup il avait tout dissous. Il avait poussé du pied Rantaine dans l'espace, Lethierry dans la ruine, la justice humaine dans la nuit, l'opinion dans l'erreur, l'humanité entière hors de lui, Clubin. Il venait d'éliminer le monde.

Quant à Dieu, ce mot de quatre lettres l'occupait peu.

Il avait passé pour religieux. Eh bien, après?

Il y a des cavernes dans l'hypocrite, ou pour mieux dire, l'hypocrite entier est une caverne.

Quand Clubin se trouva seul, son antre s'ouvrit. Il eut un instant de délices; il aéra son âme.

Il respira son crime à pleine poitrine.

Le fond du mal devint visible sur ce visage. Clubin s'épanouit. En ce moment, le regard de Rantaine à côté du sien eût semblé le regard d'un enfant nouveau-né.

L'arrachement du masque, quelle délivrance!

Sa conscience jouit de se voir hideusement nue et de prendre librement un bain ignoble dans le mal. La contrainte d'un long respect humain finit par inspirer un goût forcené pour l'impudeur. On en arrive à une certaine lasciveté dans la scélératesse. Il existe dans ces effrayantes profondeurs morales si peu sondées on ne sait quel étalage atroce et agréable qui est l'obscénité du crime. La fadeur de la fausse bonne renommée met en appétit de honte. On dédaigne tant les hommes qu'on voudrait en être méprisé. Il y a de l'ennui à être estimé. On admire les coudées franches de la dégradation. On regarde avec convoitise la turpitude, si à l'aise dans l'ignominie. Les yeux baissés de force ont souvent de ces échappées obliques. Rien n'est plus près de Messaline que Marie Alacoque. Voyez la Cadière et la religieuse de Louviers. Clubin, lui aussi, avait vécu sous le voile. L'effronterie avait toujours été son ambition. Il enviait la fille publique et le front de bronze de l'opprobre accepté; il se sentait plus fille publique qu'elle, et avait le dégoût de passer pour vierge. Il avait été le Tantale du cynisme. Enfin, sur ce rocher, dans cette solitude, il pouvait être franc;

il l'était. Se sentir sincèrement abominable, quelle volupté! Toutes les extases possibles à l'enfer, Clubin les eut dans cette minute; les arrérages de la dissimulation lui furent soldés; l'hypocrisie est une avance; Satan le remboursa. Clubin se donna l'ivresse d'être effronté, les hommes ayant disparu, et n'ayant plus là que le ciel. Il se dit : Je suis un gueux! et fut content.

Jamais rien de pareil ne s'était passé dans une conscience humaine.

L'éruption d'un hypocrite, nulle ouverture de cratère n'est comparable à cela.

Il était charmé qu'il n'y eût là personne, et il n'eût pas été fâché qu'il y eût quelqu'un. Il eût aimé être effroyable devant témoin.

Il eût été heureux de dire en face au genre humain : Tu es idiot!

L'absence des hommes assurait son triomphe, mais le diminuait.

Il n'avait que lui pour spectateur de sa gloire.

Être au carcan a son charme. Tout le monde voit que vous êtes infâme.

Forcer la foule à vous examiner, c'est faire acte de puissance. Un galérien debout sur un tréteau dans le carrefour avec le collier de fer au cou est le despote de tous les regards qu'il contraint de se tourner vers lui. Dans cet échafaud il y a du piédestal. Être un centre de convergence pour l'attention universelle, quel plus beau triomphe ? Obliger au regard la prunelle publique, c'est une des formes de la suprématie. Pour ceux dont le mal est l'idéal, l'opprobre est une auréole. On domine de là. On est en haut de quelque chose. On s'y étale souverainement. Un poteau que l'univers voit n'est pas sans quelque analogie avec un trône.

Être exposé, c'est être contemplé.

Un mauvais règne a évidemment des joies de pilori. Néron incendiant Rome, Louis XIV prenant en traître le Palatinat, le régent George tuant lentement Napoléon, Nicolas assassinant la Pologne à la face de la civilisation, devaient éprouver quelque chose de la volupté que rêvait Clubin. L'immensité du mépris fait au méprisé l'effet d'une grandeur.

Être démasqué est un échec, mais se démasquer est une victoire. C'est de l'ivresse, c'est de l'imprudence insolente et satisfaite, c'est une nudité éperdue qui insulte tout devant elle. Suprême bonheur.

Ces idées dans un hypocrite semblent une contradiction, et n'en sont pas une. Toute l'infamie est conséquente. Le miel est fiel. Escobar confine au marquis de Sade. Preuve : Léotade. L'hypocrite, étant le méchant complet, a en lui les deux pôles de la perversité. Il est d'un côté prêtre, et de l'autre courtisane. Son sexe de démon est double. L'hypocrite est l'épouvantable hermaphrodite du mal. Il se féconde seul. Il s'engendre et se transforme lui-même. Le voulez-vous charmant, regardez-le ; le voulez-vous horrible, retournez-le.

Clubin avait en lui toute cette ombre d'idées confuses. Il les percevait peu, mais il en jouissait beaucoup.

Un passage de flammèches de l'enfer qu'on verrait dans la nuit, c'était la succession des pensées de cette âme.

Clubin resta ainsi quelque temps rêveur ; il regardait son honnêteté de l'air dont le serpent regarde sa vieille peau.

Tout le monde avait cru à cette honnêteté, même un peu lui.

Il eut un second éclat de rire.

On l'allait croire mort, et il était riche. On l'allait croire perdu, et il était sauvé. Quel bon tour joué à la bêtise universelle !

Et dans cette bêtise universelle il y avait Rantaine. Clubin songeait à Rantaine avec un dédain sans bornes. Dédain de la fouine pour le tigre. Cette fugue, manquée par Rantaine, il la réussissait, lui Clubin. Rantaine s'en allait penaud, et Clubin disparaissait triomphant. Il s'était substitué à Rantaine dans le lit de sa mauvaise action, et c'était lui Clubin qui avait la bonne fortune.

Quant à l'avenir, il n'avait pas de plan bien arrêté. Il avait dans la boîte de fer enfermée dans sa ceinture ses trois bank-notes; cette certitude lui suffisait. Il changerait de nom. Il y a des pays où soixante mille francs en valent six cent mille. Ce ne serait pas une mauvaise solution que d'aller dans un de ces coins-là vivre honnêtement avec l'argent repris à ce voleur de Rantaine. Spéculer, entrer dans le grand négoce, grossir son capital, devenir sérieusement millionnaire, cela non plus ne serait point mal.

Par exemple, à Costa-Rica, comme c'était le

commencement du grand commerce du café, il y avait des tonnes d'or à gagner. On verrait.

Peu importait, d'ailleurs. Il avait le temps d'y songer. Pour le moment, le difficile était fait. Dépouiller Rantaine, disparaître avec la Durande, c'était la grosse affaire. Elle était accomplie. Le reste était simple. Nul obstacle possible désormais. Rien à craindre. Rien ne pouvait survenir. Il allait atteindre la côte à la nage, à la nuit il aborderait à Plainmont, il escaladerait la falaise, il irait droit à la maison visionnée, il y entrerait sans peine au moyen de sa corde à nœuds cachée d'avance dans un trou de rocher, il trouverait dans la maison visionnée son sac-valise contenant des vêtements secs et des vivres, là il pourrait attendre, il était renseigné, huit jours ne se passeraient pas sans que des contrebandiers d'Espagne, Blasquito probablement, touchassent à Plainmont, pour quelques guinées il se ferait transporter, non à Tor-Bay, comme il l'avait dit à Blasco pour dérouter les conjectures et donner le change, mais à Pasages ou à Bilbao. De là il gagnerait la Vera-Cruz ou la Nouvelle-Orléans. — Du reste, le moment était venu de se jeter à la mer, la chaloupe était loin, une heure de nage n'était rien pour Clubin, un mille seulement le séparait de la terre, puisqu'il était sur les Hanois.

A ce point de la rêverie de Clubin, une déchirure se fit dans le brouillard. Le formidable rocher Douvres apparut.

VII

L'INATTENDU INTERVIENT

Clubin, hagard, regarda.

C'était bien l'épouvantable écueil isolé.

Impossible de se méprendre sur cette silhouette difforme. Les deux Douvres jumelles se dressaient, hideusement, laissant voir entre elles, comme un piége, leur défilé. On eût dit le coupe-gorge de l'océan.

Elles étaient tout près. Le brouillard les avait cachées, comme un complice.

Clubin, dans le brouillard, avait fait fausse route. Malgré toute son attention, il lui était arrivé ce qui arriva à deux grands navigateurs, à Gonzalez qui découvrit le cap Blanc, et à Fernandez qui découvrit le cap Vert. La brume l'avait égaré. Elle lui avait paru excellente pour l'exécution de son projet, mais elle avait ses périls. Clubin avait dévié à l'ouest et s'était trompé. Le passager guernesiais, en croyant reconnaître les Hanois, avait déterminé le coup de barre final. Clubin avait cru se jeter sur les Hanois.

La Durande, crevée par un des bas-fonds de l'écueil, n'était séparée des deux Douvres que de quelques encâblures.

A deux cents brasses plus loin, on apercevait un massif cube de granit. On distinguait sur les pans escarpés de cette roche quelques stries et quelques reliefs pour l'escalade. Les coins rectilignes de ces rudes murailles à angle droit faisaient pressentir au sommet un plateau.

C'était l'Homme.

La roche l'Homme s'élevait plus haut encore

que les roches Douvres. Sa plate-forme dominait leur double pointe inaccessible. Cette plate-forme, croulant par les bords, avait un entablement, et on ne sait quelle régularité sculpturale. On ne pouvait rien imaginer de plus désolé et de plus funeste. Les lames du large venaient plisser leurs nappes tranquilles aux faces carrées de cet énorme tronçon noir, sorte de piédestal pour les spectres immenses de la mer et de la nuit.

Tout cet ensemble était stagnant. A peine un souffle dans l'air, à peine une ride sur la vague. On devinait sous cette surface muette de l'eau la vaste vie noyée des profondeurs.

Clubin avait souvent vu l'écueil Douvres de loin.

Il se convainquit que c'était bien là qu'il était.

Il ne pouvait douter.

Changement brusque et hideux. Les Douvres au lieu des Hanois. Au lieu d'un mille, cinq lieues de mer. Cinq lieues de mer! l'impossible. La roche Douvres, pour le naufragé solitaire, c'est la présence, visible et palpable, du dernier moment. Défense d'atteindre la terre.

Clubin frissonna. Il s'était mis lui-même dans

la gueule de l'ombre. Pas d'autre refuge que le rocher l'Homme. Il était probable que la tempête surviendrait dans la nuit, et que la chaloupe de la Durande, surchargée, chavirerait. Aucun avis du naufrage n'arriverait à terre. On ne saurait même pas que Clubin avait été laissé sur l'écueil Douvres. Pas d'autre perspective que la mort de froid et de faim. Ses soixante-quinze mille francs ne lui donneraient pas une bouchée de pain. Tout ce qu'il avait échafaudé aboutissait à cette embûche. Il était l'architecte laborieux de sa catastrophe. Nulle ressource. Nul salut possible. Le triomphe se faisait précipice. Au lieu de la délivrance, la capture. Au lieu du long avenir prospère, l'agonie. En un clin d'œil, le temps qu'un éclair passe, toute sa construction avait croulé. Le paradis rêvé par ce démon avait repris sa vraie figure, le sépulcre.

Cependant le vent s'était élevé. Le brouillard, secoué, troué, arraché, s'en allait pêle-mêle sur l'horizon en grands morceaux informes. Toute la mer reparut.

Les bœufs, de plus en plus envahis par l'eau, continuaient de beugler dans la cale.

La nuit approchait; probablement la tempête.

La Durande, peu à peu renflouée par la mer montante, oscillait de droite à gauche, puis de gauche à droite, et commençait à tourner sur l'écueil comme sur un pivot.

On pouvait pressentir le moment où une lame l'arracherait et la roulerait à vau-l'eau.

Il y avait moins d'obscurité qu'au moment du naufrage. Quoique l'heure fût plus avancée, on voyait plus clair. Le brouillard, en s'en allant, avait emporté une partie de l'ombre. L'ouest était dégagé de toute nuée. Le crépuscule a un grand ciel blanc. Cette vaste lueur éclairait la mer.

La Durande était échouée en plan incliné de la poupe à la proue. Clubin monta sur l'arrière du navire qui était presque hors de l'eau. Il attacha sur l'horizon son œil fixe.

Le propre de l'hypocrisie, c'est d'être âpre à l'espérance. L'hypocrite est celui qui attend. L'hypocrisie n'est autre chose qu'une espérance horrible; et le fond de ce mensonge-là est fait avec cette vertu, devenue vice.

Chose étrange à dire, il y a de la confiance dans l'hypocrisie. L'hypocrite se confie à on ne sait quoi d'indifférent dans l'inconnu, qui permet le mal.

Clubin regardait l'étendue.

La situation était désespérée, cette âme sinistre ne l'était point.

Il se disait qu'après ce long brouillard les navires restés sous la brume en panne ou à l'ancre allaient reprendre leur course, et que peut-être il en passerait quelqu'un à l'horizon.

Et, en effet, une voile surgit.

Elle venait de l'est et allait à l'ouest.

En approchant, la complication du navire se dessina. Il n'avait qu'un mât, et il était gréé en goëlette. Le beaupré était presque horizontal. C'était un coutre.

Avant une demi-heure, il côtoierait d'assez près l'écueil Douvres.

Clubin se dit : Je suis sauvé

Dans une minute comme celle où il était, on ne pense d'abord qu'à la vie.

Ce coutre était peut-être étranger. Qui sait si ce n'était pas un des navires contrebandiers allant à Plainmont? Qui sait si ce n'était pas Blasquito lui-même? En ce cas, non seulement la vie serait sauve, mais la fortune; et la rencontre de l'écueil Douvres, en hâtant la conclusion, en supprimant l'attente dans la maison visionnée, en dénouant en pleine mer l'aventure, aurait été un incident heureux.

Toute la certitude de la réussite rentra frénétiquement dans ce sombre esprit.

C'est une chose étrange que la facilité avec laquelle les coquins croient que le succès leur est dû.

Il n'y avait qu'une chose à faire.

La Durande, engagée dans les rochers, mêlait sa silhouette à la leur, se confondait avec leur dentelure où elle n'était qu'un linéament de plus, y était indistincte et perdue, et ne suffirait pas, dans le peu de jour qui restait, pour attirer l'attention du navire qui allait passer.

Mais une figure humaine se dessinant en noir sur la blancheur crépusculaire, debout sur le plateau du rocher l'Homme et faisant des signaux de détresse, serait sans nul doute aperçue. On enverrait une embarcation pour recueillir le naufragé.

Le rocher l'Homme n'était qu'à deux cents

brasses. L'atteindre à la nage était simple, l'escalader était facile.

Il n'y avait pas une minute à perdre.

L'avant de la Durande étant dans la roche, c'était du haut de l'arrière, et du point même où était Clubin, qu'il fallait se jeter à la nage.

Il commença par mouiller une sonde et reconnut qu'il y avait sous l'arrière beaucoup de fond. Les coquillages microscopiques de foraminifères et de polycystinées que le suif rapporta étaient intacts, ce qui indiquait qu'il y avait là de très-creuses caves de roche où l'eau, quelle que fût l'agitation de la surface, était toujours tranquille.

Il se déshabilla, laissant ses vêtements sur le pont. Des vêtements, il en trouverait sur le coutre.

Il ne garda que la ceinture de cuir.

Quand il fut nu, il porta la main à cette ceinture, la reboucla, y palpa la boîte de fer, étudia rapidement du regard la direction qu'il aurait à suivre à travers les brisants et les vagues pour gagner le rocher l'Homme, puis, se précipitant la tête la première, il plongea.

Comme il tombait de haut, il plongea profondément.

Il entra très-avant sous l'eau, atteignit le fond, le toucha, côtoya un moment les roches sous-marines, puis donna une secousse pour remonter à la surface.

En ce moment, il se sentit saisir par le pied.

LIVRE SEPTIÈME

IMPRUDENCE DE FAIRE DES QUESTIONS
A UN LIVRE

I

LA PERLE AU FOND DU PRÉCIPICE

Quelques minutes après son court colloque avec sieur Landoys, Gilliatt était à Saint-Sampson.

Gilliatt était inquiet jusqu'à l'anxiété. Qu'était-il donc arrivé?

Saint-Sampson avait une rumeur de ruche effarouchée. Tout le monde était sur les portes. Les femmes s'exclamaient. Il y avait des gens qui semblaient raconter quelque chose et qui gesticulaient : on faisait groupe autour d'eux. On entendait ce mot : quel malheur ! Plusieurs visages souriaient.

Gilliatt n'interrogea personne. Il n'était pas dans sa nature de faire des questions. D'ailleurs, il était trop ému pour parler à des indifférents. Il se défiait des récits, il aimait mieux tout savoir d'un coup ; il alla droit aux Bravées.

Son inquiétude était telle qu'il n'eut même pas peur d'entrer dans cette maison.

D'ailleurs la porte de la salle basse sur le quai était toute grande ouverte. Il y avait sur le seuil un fourmillement d'hommes et de femmes. Tout le monde entrait, il entra.

En entrant, il trouva contre le chambranle de la porte sieur Landoys qui lui dit à demi-voix :

— Vous savez sans doute à présent l'événement ?

— Non.

— Je n'ai pas voulu vous crier ça dans la route. On a l'air d'un oiseau de malheur.

— Qu'est-ce ?

— La Durande est perdue.

Il y avait foule dans la salle.

Les groupes parlaient bas, comme dans la chambre d'un malade.

Les assistants, qui étaient les voisins, les passants, les curieux, les premiers venus, se tenaient entassés près de la porte avec une sorte de crainte, et laissaient vide le fond de la salle où l'on voyait, à côté de Déruchette en larmes, assise, mess Lethierry, debout.

Il était adossé à la cloison du fond. Son bonnet de matelot tombait sur ses sourcils. Une mèche de cheveux gris pendait sur sa joue. Il ne disait rien. Ses bras n'avaient pas de mouvement, sa bouche semblait n'avoir plus de souffle. Il avait l'air d'une chose posée contre le mur.

On sentait, en le voyant, l'homme au dedans duquel la vie vient de s'écrouler. Durande n'étant plus, Lethierry n'avait plus de raison d'être. Il avait une âme en mer, cette âme venait de sombrer. Que devenir maintenant ? Se lever tous les matins, se coucher tous les soirs. Ne plus attendre Durande, ne plus la voir partir, ne plus la voir revenir. Qu'est-ce qu'un reste d'existence sans but ? Boire, manger, et puis ? Cet homme avait couronné tous ses travaux par un chef-d'œuvre, et tous ses dévouements par un progrès. Le progrès était aboli, le chef-d'œuvre était mort. Vivre encore quelques années vides, à quoi bon? Rien à faire désormais. A cet âge on ne recommence pas; en outre, il était ruiné. Pauvre vieux bonhomme !

Déruchette, pleurante près de lui sur une chaise, tenait dans ses deux mains un des poings de mess Lethierry. Les mains étaient jointes, le poing était crispé. La nuance des deux accablements était là. Dans les mains jointes, quelque chose espère encore; dans le poing crispé, rien.

Mess Lethierry lui abandonnait son bras et la laissait faire. Il était passif. Il n'avait plus que la quantité de vie qu'on peut avoir après le coup de foudre.

Il y a de certaines arrivées au fond de l'abîme qui vous retirent du milieu des vivants. Les gens qui vont et viennent dans votre chambre sont confus et indistincts; ils vous coudoient sans parvenir jusqu'à vous. Vous leur êtes inabordable et ils vous sont inaccessibles. Le bonheur et le désespoir ne sont pas les mêmes milieux respirables : désespéré, on assiste à la vie des autres de très-loin; on ignore presque leur présence; on perd le sentiment de sa propre existence; on a beau être en chair et en os, on ne se sent plus réel; on n'est plus pour soi-même qu'un songe.

Mess Lethierry avait le regard de cette situation-là.

Les groupes chuchotaient. On échangeait ce qu'on savait. Voici quelles étaient les nouvelles :

La Durande s'était perdue la veille sur le rocher Douvres, par le brouillard, une heure environ avant le coucher du soleil. A l'exception du capitaine, qui n'avait pas voulu quitter son navire, les gens s'étaient sauvés dans la chaloupe. Une bourrasque de sud-ouest, survenue après le brouillard, avait failli les faire naufrager une seconde fois, et les avait poussés au large au delà de Guernesey. Dans la nuit ils avaient eu ce bon hasard de rencontrer le *Cashmere*, qui les avait recueillis et amenés à Saint-Pierre-Port. Tout était de la faute du timonier Tangrouille, qui était en prison. Clubin avait été magnanime.

Les pilotes, qui abondaient dans les groupes, prononçaient ce mot, *l'écueil Douvres*, d'une façon particulière. — Mauvaise auberge! disait l'un d'eux.

On remarquait sur la table une boussole et une liasse de registres et de carnets; c'étaient sans doute la boussole de la Durande et les papiers de bord remis par Clubin à Imbrancam et à Tangrouille au moment du départ de la chaloupe; magnifique abnégation de cet homme sauvant jusqu'à des paperasses à l'instant où il se laisse mourir; petit détail plein de grandeur; oubli sublime de soi-même.

On était unanime pour admirer Clubin, et, du reste, unanime aussi pour le croire, après tout, sauvé. Le coutre *Shealtiel* était arrivé quelques heures après le *Cashmere;* c'était ce coutre qui apportait les derniers renseignements. Il venait de passer vingt-quatre heures dans les mêmes eaux que la Durande. Il y avait patienté pendant le brouillard et louvoyé pendant la tempête. Le patron du *Shealtiel* était présent parmi les assistants.

A l'instant où Gilliatt était entré, ce patron venait de faire son récit à mess Lethierry. Ce récit était un vrai rapport. Vers le matin, la bourrasque étant finie et le vent devenant maniable, le patron du *Shealtiel* avait entendu des beuglements en pleine mer. Ce bruit de prairies au milieu des vagues l'avait surpris; il s'était dirigé de ce côté. Il avait aperçu la Durande dans les rochers Douvres. L'accalmie était suffisante pour qu'il pût approcher. Il avait hélé l'épave. Le mugissement des bœufs qui se noyaient dans la cale avait seul répondu. Le patron du *Shealtiel* était certain qu'il n'y avait personne à bord de la Durande. L'épave était parfaitement tenable; et, si violente qu'eût été la bourrasque, Clubin eût pu y passer la nuit. Il n'était pas homme à lâcher prise aisément. Il n'y était point, donc il était sauvé. Plusieurs sloops et plusieurs lougres, de Granville et de Saint-Malo, se dégageant du brouillard, avaient dû, la veille au soir, ceci était hors de doute, côtoyer d'assez près l'écueil Douvres. Un d'eux avait évidemment recueilli le capitaine Clubin. Il faut se souvenir que la chaloupe de la Durande était pleine en quittant le navire échoué, qu'elle allait courir beaucoup de risques, qu'un homme de plus était une surcharge et pouvait la faire sombrer, et que c'était là surtout ce qui avait dû déterminer Clubin à rester sur l'épave; mais une fois son devoir rempli, un navire sauveteur se présentant, Clubin n'avait, à ccup sûr, fait nulle difficulté d'en profiter. On est un héros, mais on n'est pas un niais. Un suicide eût été d'autant plus absurde, que Clubin était irréprochable. Le coupable c'était Tangrouille, et non Clubin. Tout ceci était concluant; le patron du *Shealtiel* avait visiblement raison, et tout le monde s'attendait à voir Clubin reparaître d'un moment à l'autre. On préméditait de le porter en triomphe.

Deux certitudes ressortaient du récit du patron, Clubin sauvé et la Durande perdue.

Quant à la Durande, il fallait en prendre son parti, la catastrophe était irrémédiable. Le patron du *Shealtiel* avait assisté à la dernière phase du naufrage. Le rocher fort aigu où la Durande était en quelque sorte clouée avait tenu bon toute la nuit, et avait résisté au choc de la tempête comme s'il voulait garder l'épave pour lui; mais au matin, à l'instant où le *Shealtiel*, constatant qu'il n'y avait personne à sauver, allait s'éloigner de la Durande, il était survenu un de ces paquets de mer qui sont comme les derniers coups de colère des tempêtes. Ce flot avait furieusement soulevé la Durande, l'avait arrachée du brisant, et, avec la vitesse et la rectitude d'une flèche lancée, l'avait jetée entre les deux roches Douvres. On avait entendu un craquement « diabolique », disait le patron. La Durande, portée par la lame à une certaine hauteur, s'était engagée dans l'entre-deux des roches jusqu'au maître-couple. Elle était de nouveau clouée, mais plus solidement que sur le brisant sous-marin. Elle allait rester là déplorablement suspendue, livrée à tout le vent et à toute la mer.

La Durande, au dire de l'équipage du *Shealtiel*, était déjà aux trois quarts fracassée. Elle eût évidemment coulé dans la nuit si l'écueil ne l'eût retenue et soutenue. Le patron du *Shealtiel* avec sa lunette avait étudié l'épave. Il donnait avec la précision marine le détail du désastre; la hanche de tribord était défoncée, les mâts tronqués, la voilure déralinguée, les chaînes des haubans presque toutes coupées, la claire-voie du capot-de-chambre écrasée par la chute d'une vergue, les jambettes brisées au ras du plat-bord depuis le travers du grand mât jusqu'au couronnement, le dôme de la cambuse effondré, les chantiers de la chaloupe culbutés, le rouffle démonté, l'arbre du gouvernail rompu, les drosses déclouées, les pavois rasés, les bittes emportées, le traversin détruit, la lisse enlevée, l'étambot cassé. C'était toute la dévastation frénétique de la tempête. Quant à la grue de chargement scellée au mât sur l'avant, plus rien, aucune nouvelle, nettoyage complet, partie à tous les diables, avec sa guinderesse, ses moufles, sa poulie de fer et ses chaînes. La Durande était disloquée ; l'eau allait maintenant se mettre à la déchiqueter. Dans quelques jours il n'en resterait plus rien.

Pourtant la machine, chose remarquable et qui prouvait son excellence, était à peine atteinte dans ce ravage. Le patron du *Shealtiel* croyait pouvoir affirmer que « la manivelle » n'avait point d'avarie grave. Les mâts du navire avaient cédé, mais la cheminée de la machine avait résisté. Les gardes de fer de la passerelle de commandement étaient seulement tordues; les tambours avaient souffert, les cages étaient froissées, mais les roues ne paraissaient pas avoir une palette de moins. La machine était intacte. C'était la conviction du patron du *Shealtiel*. Le chauffeur Imbrancam, qui était mêlé aux groupes, partageait cette conviction. Ce nègre, plus intelligent que beaucoup de blancs, était l'admirateur de la machine. Il levait les bras en ouvrant les dix doigts de ses mains noires et disait à Lethierry muet : Mon maître, la mécanique est en vie.

Le salut de Clubin semblant assuré, et la coque de la Durande étant sacrifiée, la machine, dans les conversations des groupes, était la question. On s'y intéressait comme à une personne. On s'émerveillait de sa bonne conduite. — Voilà une solide commère, disait un matelot français. — C'est de quoi bon ! s'écriait un pêcheur guernesiais. — Il faut qu'elle ait eu de la malice, reprenait le patron du *Shealtiel*, pour se tirer de là avec deux ou trois écorchures.

Peu à peu cette machine fut la préoccupation unique. Elle échauffa les opinions pour et contre. Elle avait des amis et des ennemis. Plus d'un, qui avait un bon vieux coutre à voiles, et qui espérait ressaisir la clientèle de la Durande, n'était pas fâché de voir l'écueil Douvres faire justice de la nouvelle invention. Le chuchotement devint brouhaha. On discuta presque avec bruit. Pourtant c'était une rumeur toujours un peu discrète, et il se faisait par intervalles de subits abaissements de voix, sous la pression du silence sépulcral de Lethierry.

Du colloque engagé sur tous les points, il résultait ceci :

La machine était l'essentiel. Refaire le navire était possible, refaire la machine non. Cette machine était unique. Pour en fabriquer une pareille, l'argent manquerait, l'ouvrier manquerait encore plus. On rappelait que le constructeur de la machine était mort. Elle avait coûté quarante mille francs. Personne ne risquerait désormais sur une telle éventualité un tel capital ; d'autant plus que voilà qui était jugé, les navires à vapeur se perdaient comme les autres ; l'accident actuel de la Durande coulait à fond tout son succès passé. Pourtant il était déplorable de penser qu'à l'heure qu'il était cette mécanique était encore entière et en bon état et qu'avant cinq ou six jours elle serait probablement mise en pièces comme le navire. Tant qu'elle existait, il n'y avait, pour ainsi dire, pas de naufrage. La perte seule de la machine serait irrémédiable. Sauver la machine, ce serait réparer le désastre.

Sauver la machine, c'était facile à dire. Mais

qui s'en chargerait? est-ce que c'était possible?
Faire et exécuter c'est deux, et la preuve, c'est
qu'il est aisé de faire un rêve et difficile de l'exécuter. Or si jamais un rêve avait été impraticable
et insensé, c'était celui-ci : sauver la machine
échouée sur les Douvres. Envoyer travailler sur
ces roches un navire et un équipage serait absurde; il n'y fallait pas songer. C'était la saison
des coups de mer; à la première bourrasque les
chaînes des ancres seraient sciées par les crêtes
sous-marines des brisants, et le navire se fracasserait à l'écueil. Ce serait envoyer un deuxième
naufrage au secours du premier. Dans l'espèce de
trou du plateau supérieur où s'était abrité le naufragé légendaire mort de faim, il y avait à peine
place pour un homme. Il faudrait donc que, pour
sauver cette machine, un homme allât aux rochers
Douvres, et qu'il y allât seul, seul dans cette mer,
seul dans ce désert, seul à cinq lieues de la côte,
seul dans cette épouvante, seul des semaines entières, seul devant le prévu et l'imprévu, sans
ravitaillement dans les angoisses du dénûment,
sans secours dans les incidents de la détresse,
sans autre trace humaine que celle de l'ancien

naufragé expiré de misère là, sans autre compagnon que ce mort. Et comment s'y prendrait-il d'ailleurs pour sauver cette machine? Il faudrait qu'il fût non-seulement matelot, mais forgeron. Et à travers quelles épreuves! L'homme qui tenterait cela serait plus qu'un héros. Ce serait un fou. Car dans de certaines entreprises disproportionnées où le surhumain semble nécessaire, la bravoure a au-dessus d'elle la démence. Et en effet, après tout, se dévouer pour de la ferraille, ne serait-ce pas extravagant? Non, personne n'irait aux rochers Douvres. On devait renoncer à la machine comme au reste. Le sauveteur qu'il fallait ne se présenterait point. Où trouver un tel homme?

Ceci, dit un peu autrement, était le fond de tous les propos murmurés dans cette foule.

Le patron du *Shealtiel*, qui était un ancien pilote, résuma la pensée de tous par cette exclamation à voix haute :

— Non! c'est fini. L'homme qui ira là et qui rapportera la machine n'existe pas.

— Puisque je n'y vais pas, ajouta Imbrancam, c'est qu'on ne peut pas y aller.

Le patron du *Shealtiel* secoua sa main gauche avec cette brusquerie qui exprime la conviction de l'impossible, et reprit :

— S'il existait...

Déruchette tourna la tête.

— Je l'épouserais, dit-elle.

Il y eut un silence.

Un homme très-pâle sortit du milieu des groupes et dit :

— Vous l'épouseriez, miss Déruchette?

C'était Gilliatt.

Cependant tous les yeux s'étaient levés. Mess. Lethierry venait de se dresser tout droit. Il avait sous le sourcil une lumière étrange.

Il prit du poing son bonnet de matelot et le jeta à terre, puis il regarda solennellement devant lui sans voir aucune des personnes présentes, et dit :

— Déruchette l'épouserait. J'en donne ma parole d'honneur au bon Dieu.

II

BEAUCOUP D'ÉTONNEMENT SUR LA COTE OUEST

La nuit qui suivit ce jour-là devait être, à partir de dix heures du soir, une nuit de lune. Cependant, quelle que fût la bonne apparence de la nuit, du vent et de la mer, aucun pêcheur ne comptait sortir ni de la Hougue la Perre, ni du Bourdeaux, ni de Houmet-Benèt, ni du Platon, ni de Port-Grat, ni de la baie Vason, ni de Perrelle-Bay, ni de Pezeris, ni du Tielles, ni de la baie des Saints, ni de Petit-Bô, ni d'aucun port ou portelet de Guernesey. Et cela était tout simple, le coq avait chanté à midi.

Quand le coq chante à une heure extraordinaire, la pêche manque.

Ce soir-là, pourtant, à la tombée de la nuit, un pêcheur qui rentrait à Omptolle eut une surprise. A la hauteur du Houmet-Paradis, au delà des deux Brayes et des deux Grunes, ayant à gauche la balise des Plattes-Fougères qui représente un entonnoir renversé, et à droite la balise de Saint-Sampson qui représente une figure d'homme, il crut apercevoir une troisième balise. Qu'était-ce que cette balise? quand l'avait-on plantée sur ce point? quel bas-fond indiquait-elle? La balise répondit tout de suite à ces interrogations; elle remuait; c'était un mât. L'étonnement du pêcheur ne décrut point. Une balise faisait question; un mât bien plus encore. Il n'y avait point de pêche possible. Quand tout le monde rentrait, quelqu'un sortait. Qui? pourquoi?

Dix minutes après, le mât, cheminant lentement, arriva à quelque distance du pêcheur d'Omptolle.

Il ne put reconnaître la barque. Il entendit ramer. Il n'y avait que le bruit de deux avirons. C'était donc vraisemblablement un homme seul. Le vent était nord; cet homme évidemment nageait pour aller prendre le vent au delà de la pointe Fontenelle. Là, probablement, il mettrait à la voile. Il comptait donc doubler l'Ancresse et le mont Crevel. Qu'est-ce que cela voulait dire?

Le mât passa, le pêcheur rentra.

Cette même nuit, sur la côte ouest de Guernesey, des observateurs d'occasion, disséminés et isolés, firent, à des heures diverses et sur divers points, des remarques.

Comme le pêcheur d'Omptolle venait d'amarrer sa barque, un charretier de varech, à un demi-mille plus loin, fouettant ses chevaux dans la route déserte des Clôtures, près du cromlech, aux environs des martellos 6 et 7, vit en mer assez loin à l'horizon, dans un endroit peu fréquenté parce qu'il faut le bien connaître, devers la Roque-Nord et la Sablonneuse, une voile qu'on hissait. Il y fit d'ailleurs peu d'attention, étant pour chariot et non pour bateau.

Une demi-heure s'était peut-être écoulée depuis

que le charretier avait aperçu cette voile, quand un plâtreur revenant de son ouvrage de la ville et contournant la mare Pelée se trouva tout à coup presque en face d'une barque très-hardiment engagée parmi les roches du Quenon, de la Rousse de Mer et de la Gripe de Rousse. La nuit était noire, mais la mer était claire, effet qui se produit souvent, et l'on pouvait distinguer au large les allées et venues. Il n'y avait en mer que cette barque.

Un peu plus bas, et un peu plus tard, un ramasseur de langoustes, disposant ses boutiques sur l'ensablement qui sépare le Port-Soif du Port-Enfer, ne comprit pas ce que faisait une barque glissant entre la Boue-Corneille et la Moulrette. Il fallait être bon pilote et bien pressé d'arriver quelque part pour se risquer là.

Comme huit heures sonnaient au Catel, le tavernier de Cobo-Bay observa, avec quelque ébahissement, une voile au delà de la Boue du Jardin et des Grunettes, très-près de la Suzanne et des Grunes de l'Ouest.

Non loin de Cobo-Bay, sur la pointe solitaire du Houmet de la baie Vason, deux amoureux étaient en train de se séparer et de se retenir ; au moment où la fille disait au garçon : — « Si je m'en vas, ce n'est pas pour l'amour de ne pas être avec toi, c'est que j'ai mon fait à choser », ils furent distraits de leur baiser d'adieu par une assez grosse barque qui passa très-près d'eux et qui se dirigeait vers les Messellettes.

Monsieur Le Peyre des Norgiots, habitant le Cotillon-Pipet, était occupé vers neuf heures du soir à examiner un trou fait par des maraudeurs dans la haie de son courtil, la Jennerotte, et de son « friquet planté à arbres » ; tout en constatant le dommage, il ne put s'empêcher de remarquer une barque doublant témérairement le Crocq-Point à cette heure de nuit.

Un lendemain de tempête, avec ce qui reste d'agitation à la mer, cet itinéraire était peu sûr. On était imprudent de le choisir, à moins de savoir par cœur les passes.

A neuf heures et demie, à l'Équerrier, un chalutier remportant son filet s'arrêta quelque temps pour considérer entre Colombelle et la Souffleresse quelque chose qui devait être un bateau. Ce bateau s'exposait beaucoup. Il y a là des coups de vent subits très-dangereux. La roche Souffleresse est ainsi nommée parce qu'elle souffle brusquement sur les barques.

A l'instant où la lune se levait, la marée étant pleine et la mer étant étale dans le petit détroit de Li-Hou, le gardien solitaire de l'île de Li-Hou fut très-effrayé ; il vit passer entre la lune et lui une longue forme noire. Cette forme noire, haute et étroite, ressemblait à un linceul debout qui marcherait. Elle glissait lentement au-dessus des espèces de murs que font les bancs de rochers. Le gardien de Li-Hou crut reconnaître la Dame Noire.

La Dame Blanche habite le Tau de Pez d'Amont, la Dame Grise habite le Tau de Pez d'Aval, la Dame Rouge habite la Silleuse au nord du Banc-Marquis, et la Dame Noire habite le Grand-Étacré, à l'ouest de Li-Houmet. La nuit, au clair de lune, ces dames sortent, et quelquefois se rencontrent.

A la rigueur cette forme noire pouvait être une voile. Les longs barrages de roches sur lesquels elle semblait marcher pouvaient en effet cacher la coque d'une barque voguant derrière eux, et laisser voir la voile seulement. Mais le gardien se demanda quelle barque oserait à cette heure se hasarder entre Li-Hou et la Pécheresse et les Angullières et Lérée-Point. Et dans quel but? Il lui parut plus probable que c'était la Dame Noire.

Comme la lune venait de dépasser le clocher de Saint-Pierre du Bois, le sergent du Château Rocquaine, en relevant la moitié de l'échelle pont-levis, distingua, à l'embouchure de la baie, plus loin que la Haute-Canée, plus près que la Sambule, une barque à la voile qui semblait descendre du nord au sud.

Il existe sur la côte sud de Guernesey, en arrière de Plainmont, au fond d'une baie toute de précipices et de murailles, coupée à pic dans le flot, un port singulier qu'un français, séjournant dans l'île depuis 1855, le même peut-être que celui qui écrit ces lignes, a baptisé « *le Port au quatrième étage* », nom généralement adopté aujourd'hui. Ce port, qui s'appelait alors la Moie, est un plateau de roche, à demi naturel, à demi taillé, élevé d'une quarantaine de pieds au-dessus du niveau de l'eau, et communiquant avec les vagues par deux gros madriers parallèles en plan incliné. Les barques, hissées à force de bras par des chaînes et des poulies, montent de la mer et y redescendent le long de ces madriers qui sont comme deux rails. Pour les hommes il y a un escalier. Ce port était alors très-fréquenté par les contrebandiers. Étant peu praticable, il leur était commode.

Vers onze heures, des fraudeurs, peut-être ceux-là mêmes sur lesquels avait compté Clubin, étaient avec leurs ballots au sommet de cette plateforme de la Moie. Qui fraude guette; ils épiaient. Ils furent étonnés d'une voile qui déboucha brusquement au delà de la silhouette noire du cap Plainmont. Il faisait clair de lune. Ces contrebandiers surveillèrent cette voile, craignant que ce ne fût quelque garde-côte allant s'embusquer en observation derrière le grand Hanois. Mais la voile dépassa les Hanois, laissa derrière elle au nord-ouest la Boue-Blondel, et s'enfonça au large dans l'estompe livide des brumes de l'horizon.

— Où diable peut aller cette barque? se dirent les contrebandiers.

Le même soir, un peu après le coucher du soleil, on avait entendu quelqu'un frapper à la porte de la masure du Bû de la Rue. C'était un jeune garçon vêtu de brun avec des bas jaunes, ce qui

indiquait un petit clerc de la paroisse. Le Bû de la
Rue était fermé, porte et volets. Une vieille pêcheuse de fruits de mer, rôdant dans la banque
une lanterne à la main, avait hélé le garçon, et
ces paroles s'étaient échangées devant le Bû de la
Rue entre la pêcheuse et le petit clerc.

— Qu'est-ce que vous voulez, gas ?
— L'homme d'ici.
— Il n'y est point.
— Où est-il ?
— Je ne sais point.
— Y sera-t-il demain ?
— Je ne sais point.
— Est-ce qu'il est parti ?
— Je ne sais point.
— C'est que, voyez-vous, la femme, le nouveau recteur de la paroisse, le révérend Ebenezer
Caudray, voudrait lui faire une visite.
— Je ne sais point.
— Le révérend m'envoie demander si l'homme
du Bû de la Rue sera chez lui demain matin.
— Je ne sais point.

III

NE TENTEZ PAS LA BIBLE

Dans les vingt-quatre heures qui suivirent, mess Lethierry ne dormit pas, ne mangea pas, ne but pas, baisa au front Déruchette, s'informa de Clubin dont on n'avait pas encore de nouvelles, signa une déclaration comme quoi il n'entendait former aucune plainte, et fit mettre Tangrouille en liberté.

Il resta toute la journée du lendemain, à demi appuyé à la table de l'office de la Durande, ni debout, ni assis, répondant avec douceur quand on lui parlait. Du reste, la curiosité étant satisfaite, la solitude s'était faite aux Bravées. Il y a beaucoup de désir d'observer dans l'empressement à s'apitoyer. La porte s'était refermée; on laissait Lethierry avec Déruchette. L'éclair qui avait passé dans les yeux de Lethierry s'était éteint; le regard lugubre du commencement de la catastrophe lui était revenu.

Déruchette, inquiète, avait, sur le conseil de Grâce et de Douce, mis, sans rien dire, à côté de lui sur la table une paire de bas qu'il était en train de tricoter quand la mauvaise nouvelle était arrivée.

Il sourit amèrement et dit :

— On me croit donc bête.

Après un quart d'heure de silence, il ajouta :

— C'est bon quand on est heureux ces manies-là.

Déruchette avait fait disparaître la paire de bas, et avait profité de l'occasion pour faire disparaître aussi la boussole et les papiers de bord, que mess Lethierry regardait trop.

Dans l'après-midi, un peu avant l'heure du thé,

la porte s'ouvrit et deux hommes entrèrent, vêtus de noir, l'un vieux, l'autre jeune.

Le jeune, on l'a peut-être aperçu déjà dans le cours de ce récit.

Ces hommes avaient tous deux l'air grave, mais d'une gravité différente; le vieillard avait ce qu'on pourrait nommer la gravité d'état; le jeune homme avait la gravité de nature. L'habit donne l'une, la pensée donne l'autre.

C'étaient, le vêtement l'indiquait, deux hommes d'église, appartenant tous deux à la religion établie.

Ce qui, dans le jeune homme, eût au premier abord frappé l'observateur, c'est que cette gravité, qui était profonde dans son regard, et qui résultait évidemment de son esprit, ne résultait pas de sa personne. La gravité admet la passion, et l'exalte en l'épurant, mais ce jeune homme était, avant tout, joli. Étant prêtre, il avait au moins vingt-cinq ans; il en paraissait dix-huit. Il offrait cette harmonie, et aussi ce contraste, qu'en lui l'âme semblait faite pour la passion et le corps pour l'amour. Il était blond, rose, frais, très-fin et très-souple dans son costume sévère, avec des joues de jeune fille et des mains délicates ; il avait l'allure vive et naturelle, quoique réprimée. Tout en lui était charme, élégance, et presque volupté. La beauté de son regard corrigeait cet excès de grâce. Son sourire sincère, qui montrait des dents d'enfant, était pensif et religieux. C'était la gentillesse d'un page et la dignité d'un évêque.

Sous ses épais cheveux blonds, si dorés qu'ils paraissaient coquets, son crâne était élevé, candide et bien fait. Une ride légère à double inflexion entre les deux sourcils éveillait confusément l'idée de l'oiseau de la pensée planant, ailes déployées, au milieu de ce front.

On sentait, en le voyant, un de ces êtres bienveillants, innocents et purs, qui progressent en sens inverse de l'humanité vulgaire, que l'illusion fait sages et que l'expérience fait enthousiastes.

Sa jeunesse transparente laissait voir sa maturité intérieure. Comparé à l'ecclésiastique en cheveux gris qui l'accompagnait, au premier coup d'œil il semblait le fils, au second coup d'œil il semblait le père.

Celui-ci n'était autre que le docteur Jaquemin Hérode. Le docteur Jaquemin Hérode appartenait à la haute église, laquelle est à peu près un papisme sans pape. L'anglicanisme était travaillé dès cette époque par les tendances qui se sont depuis affirmées et condensées dans le puséysme. Le docteur Jaquemin Hérode était de cette nuance anglicane qui est presque une variété romaine. Il était haut, correct, étroit et supérieur. Son rayon visuel intérieur sortait à peine au dehors. Il avait pour esprit la lettre. Du reste, altier. Son personnage tenait de la place. Il avait moins l'air d'un révérend que d'un monsignor. Sa redingote était un peu coupée en soutane. Son vrai milieu eût été Rome. Il était prélat-de-chambre, né. Il semblait avoir été créé exprès pour orner un pape, et pour marcher derrière la chaise gestatoire, avec toute la cour pontificale, *in abitto paonazzo*. L'accident d'être né anglais, et une éducation théologique plus tournée vers l'Ancien Testament que vers le Nouveau, lui avaient fait manquer cette grande destinée. Toutes ses splendeurs se résumaient en ceci : être recteur de Saint-Pierre-Port, doyen de l'île de Guernesey et subrogé de l'évêque de Winchester. C'était, sans nul doute, de la gloire.

Cette gloire n'empêchait pas M. Jaquemin

Hérode d'être, à tout prendre, un assez bon homme.

Comme théologien, il était bien situé dans l'estime des connaisseurs, et il faisait presque autorité à la cour des Arches, cette Sorbonne de l'Angleterre.

Il avait la mine docte, un clignement d'yeux capable et exagéré, les narines velues, les dents visibles, la lèvre supérieure mince et la lèvre inférieure épaisse, plusieurs diplômes, une grosse prébende, des amis baronets, la confiance de l'évêque, et toujours une bible dans sa poche.

Mess Lethierry était si complétement absorbé que tout ce que put produire l'entrée des deux prêtres fut un imperceptible froncement de sourcil.

M. Jaquemin Hérode s'avança, salua, rappela, en quelques mots sobrement hautains, sa promotion récente, et dit qu'il venait, selon l'usage, « introduire » près des notables, — et près de mess Lethierry en particulier, — son successeur dans la paroisse, le nouveau recteur de Saint-Sampson, le révérend Joë Ebenezer Caudray, désormais pasteur de mess Lethierry.

Déruchette se leva.

Le jeune prêtre, qui était le révérend Ebenezer, s'inclina.

Mess Lethierry regarda M. Ebenezer Caudray, et grommela entre ses dents : Mauvais matelot.

Grâce avança des chaises. Les deux révérends s'assirent près de la table.

Le docteur Hérode entama un speech. Il lui était revenu qu'il était arrivé un événement. La Durande avait fait naufrage. Il venait, comme pasteur, apporter des consolations et des conseils. Ce naufrage était malheureux, mais heureux aussi. Sondons-nous; n'étions-nous pas enflés par la prospérité? Les eaux de la félicité sont dangereuses. Il ne faut pas prendre en mauvaise part les malheurs. Les voies du Seigneur sont inconnues. Mess Lethierry était ruiné. Eh bien? être riche, c'est être en danger. On a de faux amis. La pauvreté les éloigne. On reste seul. *Solus eris.* La Durande rapportait, disait-on, mille livres sterling par an. C'est trop pour le sage. Fuyons les tentations, dédaignons l'or. Acceptons avec reconnaissance la ruine et l'abandon. L'isolement est plein de fruits. On y obtient les grâces du Seigneur. C'est dans la solitude qu'Aïa trouva les caux chaudes, en conduisant les ânes de Sébéon son père. Ne nous révoltons pas contre les impénétrables décrets de la Providence. Le saint homme Job, après sa misère, avait crû en richesse. Qui sait si la perte de la Durande n'aurait pas des compensations, même temporelles? Ainsi, lui docteur Jaquemin Hérode, il avait engagé des capitaux dans une très-belle opération en cours d'exécution à Sheffield; si mess Lethierry, avec les fonds qui pouvaient lui rester, voulait entrer dans cette affaire, il y referait sa fortune ; c'était une grosse fourniture d'armes au czar en train de réprimer la Pologne. On y gagnerait trois cents pour cent.

Le mot czar parut réveiller Lethierry. Il interrompit le docteur Hérode.

— Je ne veux pas du czar.

Le révérend Hérode répondit :

— Mess Lethierry, les princes sont voulus de Dieu. Il est écrit : Rendez à César ce qui est à César. Le czar, c'est César.

Lethierry, à demi retombé dans son rêve, murmura :

— Qui ça, César? Je ne connais pas.

Le révérend Jaquemin Hérode reprit son exhortation. Il n'insistait pas sur Sheffield. Ne pas vouloir de César, c'est être républicain. Le révérend comprenait qu'on fût républicain. En ce cas, que mess Lethierry se tournât vers une république. Mess Lethierry pouvait rétablir sa fortune aux États-Unis mieux encore qu'en Angleterre. S'il voulait décupler ce qui lui restait, il n'avait qu'à prendre des actions dans la grande compagnie d'exploitation des plantations du Texas, laquelle employait plus de vingt mille nègres.

— Je ne veux pas de l'esclavage, dit Lethierry.

— L'esclavage, répliqua le révérend Hérode, est d'institution sacrée. Il est écrit : « Si le maître « a frappé son esclave, il ne lui sera rien fait, « car c'est son argent. »

Grâce et Douce, sur le seuil de la porte, recueillaient avec une sorte d'extase les paroles du révérend recteur.

Le révérend continua. C'était, somme toute, nous venons de le dire, un bon homme ; et, quels que pussent être ses dissentiments de caste ou de personne avec mess Lethierry, il venait très-sincèrement lui apporter toute l'aide spirituelle, et même temporelle, dont lui, docteur Jaquemin Hérode, disposait.

Si mess Lethierry était ruiné à ce point de ne pouvoir coopérer fructueusement à une spéculation quelconque, russe ou américaine, que n'entrait-il dans le gouvernement et dans les fonctions salariées? Ce sont de nobles places, et le révérend était prêt à y introduire mess Lethierry. L'office de député-vicomte était précisément vacant à Jersey. Mess Lethierry était aimé et estimé, et le révérend Hérode, doyen de Guernesey et subrogé de l'évêque, se faisait fort d'obtenir pour mess Lethierry l'emploi de député-vicomte de Jersey. Le député-vicomte est un officier considérable; il assiste, comme représentant de sa majesté, à la tenue des chefs-plaids, aux débats de la cohue, et aux exécutions des arrêts de justice.

Lethierry fixa sa prunelle sur le docteur Hérode.

— Je n'aime pas la pendaison, dit-il.

Le docteur Hérode, qui jusqu'alors avait prononcé tous les mots avec la même intonation, eut un accès de sévérité et une inflexion nouvelle :

— Mess Lethierry, la peine de mort est ordonnée divinement. Dieu a remis le glaive à l'homme. Il est écrit : « OEil pour œil, dent pour dent. »

Le révérend Ebenezer rapprocha imperceptiblement sa chaise de la chaise du révérend Jaquemin, et lui dit, de façon à n'être entendu que de lui :

— Ce que dit cet homme lui est dicté.

— Par qui ? par quoi ? demanda du même ton le révérend Jaquemin Hérode.

Ebenezer répondit très-bas :

— Par sa conscience.

Le révérend Hérode fouilla dans sa poche, en tira un gros in-dix-huit relié avec fermoirs, le posa sur la table et dit à voix haute :

— La conscience, la voici.

Le livre était une bible.

Puis le docteur Hérode s'adoucit. Son désir était d'être utile à mess Lethierry, qu'il considérait fort. Il avait, lui pasteur, droit et devoir de conseil ; pourtant mess Lethierry était libre.

Mess Lethierry, ressaisi par son absorption et par son accablement, n'écoutait plus. Déruchette, assise près de lui, et pensive de son côté, ne levait pas les yeux et mêlait à cette conversation peu animée la quantité de gêne qu'apporte une présence silencieuse. Un témoin qui ne dit rien est une espèce de poids indéfinissable. Au surplus, le docteur Hérode ne semblait pas le sentir.

Lethierry ne répondant plus, le docteur Hérode se donna carrière. Le conseil vient de l'homme et l'inspiration vient de Dieu. Dans le conseil du prêtre il y a de l'inspiration. Il est bon d'accepter les conseils et dangereux de les rejeter. Sochoth fut saisi par onze diables pour avoir dédaigné les exhortations de Nathanaël. Tiburien fut frappé de la lèpre pour avoir mis hors de chez lui l'apôtre André. Barjésus, tout magicien qu'il était, devint aveugle pour avoir ri des paroles de saint Paul. Elxaï, et ses sœurs Marthe et Marthène, sont en enfer à l'heure qu'il est pour avoir méprisé les avertissements de Valencianus qui leur prouvait clair comme le jour que leur Jésus-Christ de trente-huit lieues de haut était un démon. Oolibama, qui s'appelle aussi Judith, obéissait aux conseils. Ruben et Pheniel écoutaient les avis d'en haut; leurs noms seuls suffisent pour l'indiquer; Ruben signifie *fils de la vision*, et Pheniel signifie *la face de Dieu*.

Mess Lethierry frappa du poing sur la table.

— Parbleu ! s'écria-t-il, c'est ma faute.

— Que voulez-vous dire? demanda M. Jaquemin Hérode.

— Je dis que c'est ma faute.

— Votre faute, quoi?

— Puisque je faisais revenir Durande le vendredi.

M. Jaquemin Hérode murmura à l'oreille de M. Ebenezer Caudray : — Cet homme est superstitieux.

Il reprit en élevant la voix, et du ton de l'enseignement :

— Mess Lethierry, il est puéril de croire au vendredi. Il ne faut pas ajouter foi aux fables. Le vendredi est un jour comme un autre. C'est très-souvent une date heureuse. Melendez a fondé la ville de Saint-Augustin un vendredi; c'est un vendredi que Henri VII a donné sa commission à John Cabot; les pèlerins du *Mayflower* sont arrivés à Province-Town un vendredi. Washington est né le vendredi 22 février 1732; Christophe Colomb a découvert l'Amérique le vendredi 12 octobre 1492.

Cela dit, il se leva.

Ebenezer, qu'il avait amené, se leva également.

Grâce et Douce, devinant que les révérends allaient prendre congé, ouvrirent la porte à deux battants.

Mess Lethierry ne voyait rien et n'entendait rien.

M. Jaquemin Hérode dit en aparté à M. Ebenezer Caudray : — Il ne nous salue même pas. Ce n'est pas du chagrin, c'est de l'abrutissement. Il faut croire qu'il est fou.

Cependant il prit sa petite bible sur la table et la tint entre ses deux mains allongées comme on tiendrait un oiseau qu'on craint de voir envoler. Cette attitude créa parmi les personnes présentes une certaine attente. Grâce et Douce avancèrent la tête.

Sa voix fit tout ce qu'elle put pour être majestueuse.

— Mess Lethierry, ne nous séparons pas sans lire une page du saint livre. Les situations de la vie sont éclairées par les livres; les profanes ont les sorts virgiliens, les croyants ont les avertissements bibliques. Le premier livre venu, ouvert au hasard, donne un conseil ; la Bible, ouverte au hasard, fait une révélation. Elle est surtout bonne pour les affligés. Ce qui se dégage immanquablement de la sainte Écriture, c'est l'adoucissement à leur peine. En présence des affligés, il faut consulter le saint livre sans choisir l'endroit, et lire avec candeur le passage sur lequel on tombe. Ce que l'homme ne choisit pas, Dieu le choisit. Dieu sait ce qu'il nous faut. Son doigt invisible est sur le passage inattendu que nous lisons. Quelle que soit cette page, il en sort infailliblement de la lumière. N'en cherchons pas d'autre, et tenons-nous-en là. C'est la parole d'en haut. Notre destinée nous est dite mystérieusement dans le texte évoqué avec confiance et respect. Écoutons, et obéissons. Mess Lethierry, vous êtes dans la douleur, ceci est le livre de consolation ; vous êtes dans la maladie, ceci est le livre de santé.

Le révérend Jaquemin Hérode fit jouer le ressort du fermoir, glissa son ongle à l'aventure entre deux pages, posa sa main un instant sur le livre ouvert, et se recueillit, puis, abaissant les yeux avec autorité, il se mit à lire à haute voix.

Ce qu'il lut, le voici :

« Isaac se promenait dans le chemin qui mène au puits appelé le Puits de celui qui vit et qu' voit.

« Rebecca, ayant aperçu Isaac, dit : Qui est cet homme qui vient au-devant de moi?

« Alors Isaac la fit entrer dans sa tente, et la prit pour femme, et l'amour qu'il eut pour elle fut grand. »

Ebenezer et Déruchette se regardèrent.

DEUXIÈME PARTIE

GILLIATT LE MALIN

LIVRE PREMIER

L'ÉCUEIL

I

L'ENDROIT OU IL EST MALAISÉ D'ARRIVER
ET DIFFICILE DE REPARTIR

La barque aperçue sur plusieurs points de la côte de Guernesey dans la soirée précédente à des heures diverses, était, on l'a deviné, la panse. Gilliatt avait choisi le long de la côte le chenal à travers les rochers ; c'était la route périlleuse, mais c'était le chemin direct. Prendre le plus court avait été son seul souci. Les naufrages n'attendent pas, la mer est une chose pressante, une heure de retard pouvait être irréparable. Il voulait arriver vite au secours de la machine en danger.

Une des préoccupations de Gilliatt en quittant Guernesey parut être de ne point éveiller l'attention. Il partit de la façon dont on s'évade. Il eut un peu l'allure de se cacher. Il évita la côte est comme quelqu'un qui trouverait inutile de passer en vue de Saint-Sampson et de Saint-Pierre-Port; il glissa, on pourrait presque dire il se glissa, silencieusement le long de la côte opposée qui est relativement inhabitée. Dans les brisants, il dut ramer; mais Gilliatt maniait l'aviron selon la loi hydraulique : prendre l'eau sans choc et la rendre sans vitesse, et de cette manière il put nager dans l'obscurité avec le plus de force et le moins de bruit possible. On eût pu croire qu'il allait faire une mauvaise action.

La vérité est que, se jetant tête baissée dans une entreprise fort ressemblante à l'impossible, et risquant sa vie avec toutes les chances à peu près contre lui, il craignait la concurrence.

Comme le jour commençait à poindre, les yeux

inconnus qui sont peut-être ouverts dans les espaces purent voir au milieu de la mer, sur un des points où il y a le plus de solitude et de menace, deux choses entre lesquelles l'intervalle décroissait, l'une se rapprochant de l'autre. L'une, presque imperceptible dans le large mouvement des lames, était une barque à la voile; dans cette barque il y avait un homme; c'était la panse portant Gilliatt. L'autre, immobile, colossale, noire, avait au-dessus des vagues une surprenante figure. Deux hauts piliers soutenaient hors des flots dans le vide une sorte de traverse horizontale qui était comme un pont entre leurs sommets. La traverse, si informe de loin qu'il était impossible de deviner ce que c'était, faisait corps avec les deux jambages. Cela ressemblait à une porte. A quoi bon une porte dans cette ouverture de toutes parts qui est la mer? On eût dit un dolmen titanique planté là, en plein océan, par une fantaisie magistrale, et bâti par des mains qui ont l'habitude de proportionner leurs constructions à l'abîme. Cette silhouette farouche se dressait sur le clair du ciel.

La lueur du matin grandissait à l'est; la blancheur de l'horizon augmentait la noirceur de la mer. En face, de l'autre côté, la lune se couchait.

Ces deux piliers, c'étaient les Douvres. L'espèce de masse emboîtée entre eux comme une architrave entre deux chambranles, c'était la Durande.

Cet écueil, tenant sa proie et la faisant voir, était terrible; les choses ont parfois vis-à-vis de l'homme une ostentation sombre et hostile. Il y avait du défi dans l'attitude de ces rochers. Cela semblait attendre.

Rien d'altier et d'arrogant comme cet ensemble : le vaisseau vaincu, l'abîme maître. Les deux rochers, tout ruisselants encore de la tempête de la veille, semblaient des combattants en sueur. Le vent avait molli, la mer se plissait paisiblement, on devinait à fleur d'eau quelques brisants où les panaches d'écume retombaient avec grâce; il venait du large un murmure semblable à un bruit d'abeilles. Tout était de niveau, hors les deux Douvres, debout et droites comme deux colonnes noires. Elles étaient jusqu'à une certaine hauteur toutes velues de varech. Leurs hanches escarpées avaient des reflets d'armures. Elles semblaient prêtes à recommencer. On comprenait qu'elles étaient enracinées sous l'eau à des montagnes.

Une sorte de toute-puissance tragique s'en dégageait.

D'ordinaire, la mer cache ses coups. Elle reste volontiers obscure. Cette ombre incommensurable garde tout pour elle. Il est très-rare que le mystère renonce au secret. Certes, il y a du monstre dans la catastrophe, mais en quantité inconnue. La mer est patente et secrète ; elle se dérobe, elle ne tient pas à divulguer ses actions. Elle fait un naufrage, et le recouvre ; l'engloutissement est sa pudeur. La vague est hypocrite ; elle tue, vole, recèle, ignore et sourit. Elle rugit, puis moutonne.

Ici rien de pareil. Les Douvres, élevant au-dessus des flots la Durande morte, avaient un air de triomphe. On eût dit deux bras monstrueux sortant du gouffre et montrant aux tempêtes ce cadavre de navire. C'était quelque chose comme l'assassin qui se vante.

L'horreur sacrée de l'heure s'y ajoutait. Le point du jour a une grandeur mystérieuse qui se compose d'un reste de rêve et d'un commencement de pensée. A ce moment trouble, un peu de spectre flotte encore. L'espèce d'immense H majuscule formée par les deux Douvres ayant la

Durande pour trait d'union, apparaissait à l'horizon dans on ne sait quelle majesté crépusculaire.

Gilliatt était vêtu de ses habits de mer, chemise de laine, bas de laine, souliers cloutés, vareuse de tricot, pantalon à poches de grosse étoffe bourrue, et sur la tête une de ces coiffes de laine rouge usitées alors dans la marine, qu'on appelait au siècle dernier *galériennes*.

Il reconnut l'écueil et avança.

La Durande était tout le contraire d'un navire coulé à fond ; c'était un navire accroché en l'air.

Pas de sauvetage plus difficile à entreprendre.

Il faisait plein jour quand Gilliatt arriva dans les eaux de l'écueil.

Il y avait, nous venons de le dire, peu de mer. L'eau avait seulement la quantité d'agitation que lui donne le resserrement entre les rochers. Toute manche, petite ou grande, clapote. L'intérieur d'un détroit écume toujours.

Gilliatt n'aborda point les Douvres sans précaution.

Il jeta la sonde plusieurs fois.

Gilliatt avait un petit débarquement à faire.

Habitué aux absences, il avait chez lui son en-cas de départ toujours prêt. C'était un sac de biscuit, un sac de farine de seigle, un panier de stock-fisch et de bœuf fumé, un grand bidon d'eau douce, une caisse norvégienne à fleurs peintes contenant quelques grosses chemises de laine, son suroit et ses jambières goudronnées, et une peau de mouton qu'il jetait la nuit par-dessus sa vareuse. Il avait, en quittant le Bû de la Rue, mis tout cela en hâte dans la panse, plus un pain frais. Pressé de partir, il n'avait emporté d'autre engin de travail que son marteau de forgeron, sa hache et son hachcrot, une scie, et une corde à nœuds armée de son grappin. Avec une échelle de cette sorte et la manière de s'en servir, les pentes revêches deviennent maniables et un bon marin trouve des praticables dans les plus rudes escarpements. On peut voir, dans l'île de Serk le parti que tirent d'une corde à nœuds les pêcheurs du havre Gosselin.

Ses filets et ses lignes et tout son attirail de pêche étaient dans la barque. Il les y avait mis par habitude, et machinalement, car il allait, s'il donnait suite à son entreprise, séjourner quelque temps dans un archipel de brisants, et les engins de pêche n'y ont que faire.

Au moment où Gilliatt accosta l'écueil, la mer baissait, circonstance favorable. Les lames décroissantes laissaient à découvert au pied de la petite Douvre quelques assises plates ou peu inclinées, figurant assez bien des corbeaux à porter un plancher. Ces surfaces, tantôt étroites, tantôt larges, échelonnées avec des espacements inégaux le long du monolithe vertical, se prolongeaient en corniche mince jusque sous la Durande, laquelle faisait ventre entre les deux rochers. Elle était serrée là comme dans un étau.

Ces plates-formes étaient commodes pour débarquer et aviser. On pouvait décharger là, provisoirement, l'en-cas apporté dans la panse. Mais il fallait se hâter, elles n'étaient hors de l'eau que pour peu d'heures. A la mer montante, elles rentreraient sous l'écume.

Ce fut devant ces roches les unes plates, les autres déclives, que Gilliatt poussa et arrêta la panse.

Une épaisseur mouillée et glissante de goëmon les couvrait, l'obliquité augmentait çà et là le glissement.

Gilliatt se déchaussa, sauta pieds nus sur le goëmon, et amarra la panse à une pointe de rocher.

Puis il s'avança le plus loin qu'il put sur l'étroite corniche de granit, parvint sous la Durande, leva les yeux et la considéra.

La Durande était saisie, suspendue et comme ajustée entre les deux roches à vingt pieds environ au-dessus du flot. Il avait fallu pour la jeter là une furieuse violence de la mer.

Ces coups forcenés n'ont rien qui étonne les gens de mer. Pour ne citer qu'un exemple, le 25 janvier 1840, dans le golfe de Stora, une tempête finissante fit, du choc de sa dernière lame, sauter un brick, tout d'une pièce, par-dessus la carcasse échouée de la corvette *la Marne*, et l'incrusta, beaupré en avant, entre deux falaises.

Du reste, il n'y avait dans les Douvres qu'une moitié de la Durande.

Le navire, arraché aux vagues, avait été en quelque sorte déraciné de l'eau par l'ouragan. Le tourbillon de vent l'avait tordu, le tourbillon de mer l'avait retenu, et le bâtiment, ainsi pris en sens inverse par les deux mains de la tempête, s'était cassé comme une latte. L'arrière, avec la machine et les roues, enlevé hors de l'écume et chassé par toute la furie du cyclone dans le défilé des Douvres, y était entré jusqu'au maître-bau, et était demeuré là. Le coup de vent avait été bien asséné; pour enfoncer ce coin entre ces deux rochers, l'ouragan s'était fait massue. L'avant, emporté et roulé par la rafale, s'était disloqué sur les brisants.

La cale défoncée avait vidé dans la mer les bœufs noyés.

Un large morceau de la muraille de l'avant tenait encore à l'arrière et pendait aux porques du tambour de gauche par quelques attaches délabrées, faciles à briser d'un coup de hache.

On voyait çà et là dans les anfractuosités lointaines de l'écueil des poutres, des planches, des haillons de voiles, des tronçons de chaînes, toutes sortes de débris, tranquilles sur les rochers.

Gilliatt regardait avec attention la Durande. La quille faisait plafond au-dessus de sa tête.

L'horizon, où l'eau illimitée remuait à peine,

était serein. Le soleil sortait superbement de cette vaste rondeur bleue.

De temps en temps une goutte d'eau se détachait de l'épave et tombait dans la mer.

II

LES PERFECTIONS DU DÉSASTRE

Les Douvres étaient différentes de forme comme de hauteur.

Sur la petite Douvre, recourbée et aiguë, on voyait se ramifier, de la base à la cime, de longues veines d'une roche couleur brique, relativement tendre, qui cloisonnait de ses lames l'intérieur du granit. Aux affleurements de ces lames rougeâtres il y avait des cassures utiles à l'escalade. Une de ces cassures, située un peu au-dessus de l'épave, avait été si bien élargie et travaillée par les éclaboussures de la vague qu'elle était devenue une espèce de niche où l'on eût pu loger une statue. Le granit de la petite Douvre était arrondi à la surface et mousse comme de la pierre de touche, douceur qui ne lui ôtait rien de sa dureté. La petite Douvre se terminait en pointe comme une corne. La grande Douvre, polie, unie, lisse, perpendiculaire, et comme taillée sur épure, était d'un seul morceau et semblait faite d'ivoire noir. Pas un trou, pas un relief. L'escarpement était inhospitalier ; un forçat n'eût pu s'en servir pour sa fuite ni un oiseau pour son nid. Au sommet il y avait, comme sur le rocher l'Homme, une plate-forme ; seulement cette plate-forme était inaccessible.

On pouvait monter sur la petite Douvre, mais non s'y maintenir; on pouvait séjourner sur la grande, mais non y monter.

Gilliatt, le premier coup d'œil jeté, revint à la panse, la déchargea sur la plus large des corniches à fleur d'eau, fit de tout ce chargement, fort succinct, une sorte de ballot qu'il noua dans un prélart, y ajusta une élingue avec sa boucle de hissement, poussa ce ballot dans un recoin de roche où le flot ne pouvait l'atteindre, puis, des pieds et des mains, de saillie en saillie, étreignant la petite Douvre, se cramponnant aux moindres stries, il monta jusqu'à la Durande échouée en l'air.

Parvenu à la hauteur des tambours, il sauta sur le pont.

Le dedans de l'épave était lugubre.

La Durande offrait toutes les traces d'une voie de fait épouvantable. C'était le viol effrayant de l'orage. La tempête se comporte comme une bande de pirates. Rien ne ressemble à un attentat comme un naufrage. La nuée, le tonnerre, la pluie, les souffles, les flots, les rochers, ce tas de complices est horrible.

On rêvait sur le pont désemparé quelque chose comme le trépignement furieux des esprits de la mer. Il y avait partout des marques de rage. Les torsions étranges de certaines ferrures indiquaient les saisissements forcenés du vent. L'entre-pont était comme le cabanon d'un fou où tout était cassé.

Pas de bête comme la mer pour dépecer une

prcie. L'eau est pleine de griffes. Le vent mord, le flot dévore ; la vague est une mâchoire. C'est à la fois de l'arrachement et de l'écrasement. L'océan a le même coup de patte que le lion.

Le délabrement de la Durande offrait ceci de particulier qu'il était détaillé et minutieux. C'était une sorte d'épluchement terrible. Beaucoup de choses semblaient faites exprès. On pouvait dire : quelle méchanceté! Les fractures des bordages étaient feuilletées avec art. Ce genre de ravage est propre au cyclone. Déchiqueter et amenuiser, tel est le caprice de ce dévastateur énorme. Le cyclone a des recherches de bourreau. Les désastres qu'il fait ont un air de supplices. On dirait qu'il a de la rancune ; il raffine comme un sauvage. Il dissèque en exterminant. Il torture le naufrage, il se venge, il s'amuse ; il y met de la petitesse.

Les cyclones sont rares dans nos climats, et d'autant plus redoutables qu'ils sont inattendus. Un rocher rencontré peut faire pivoter un orage. Il est probable que la bourrasque avait fait spirale sur les Douvres, et s'était brusquement tournée en trombe au choc de l'écueil, ce qui expliquait le jet du navire à une telle hauteur dans ces roches. Quand le cyclone souffle, un vaisseau ne pèse pas plus au vent qu'une pierre à une fronde.

La Durande avait la plaie qu'aurait un homme coupé en deux; c'était un tronc ouvert laissant échapper un fouillis de débris semblable à des entrailles. Des cordages flottaient et frissonnaient; des chaînes se balançaient en grelottant; les fibres et les nerfs du navire étaient à nu et pendaient. Ce qui n'était pas fracassé était désarticulé; des fragments du mailletage du doublage étaient pareils à des étrilles hérissées de clous; tout avait la forme de la ruine; une barre d'anspec n'était plus qu'un morceau de fer, une sonde n'était plus qu'un morceau de plomb, un cap-de-mouton n'était plus qu'un morceau de bois, une drisse n'était plus qu'un bout de chanvre, un touron n'était plus qu'un écheveau brouillé, une ralingue n'était plus qu'un fil dans un ourlet; partout l'inutilité lamentable de la démolition; rien qui ne fût décroché, décloué, lézardé, rongé, déjeté, sabordé, anéanti; aucune adhésion dans ce monceau hideux, partout la déchirure, la dislocation, et la rupture, et ce je ne sais quoi d'inconsistant et de liquide qui caractérise tous les pêle-mêle, depuis les mêlées d'hommes qu'on nomme batailles jusqu'aux mêlées d'éléments qu'on nomme chaos. Tout croulait, tout coulait, et un ruissellement de planches, de panneaux, de ferrailles, de câbles et de poutres s'était arrêté au bord de la grande fracture de la quille, d'où le moindre choc pouvait tout précipiter dans la mer. Ce qui restait de cette puissante carène si triomphante autrefois, tout cet arrière suspendu entre les deux Douvres et peut-être prêt à tomber, était crevassé çà et là et laissait voir par de larges trous l'intérieur sombre du navire.

L'écume crachait d'en bas sur cette chose misérable.

III

SAINE, MAIS NON SAUVE

Gilliatt ne s'attendait pas à ne trouver qu'une moitié du bâtiment. Rien dans les indications, pourtant si précises, du patron du *Shealtiel*, ne faisait pressentir cette coupure du navire par le milieu. C'était probablement à l'instant où s'était faite cette coupure sous les épaisseurs aveuglantes de l'écume qu'avait eu lieu ce « craquement diabolique » entendu par le patron du *Shealtiel*. Ce patron s'était sans doute éloigné au moment du dernier coup de vent, et ce qu'il avait pris pour un paquet de mer était une trombe. Plus tard, en se rapprochant pour observer l'échouement, il n'avait pu voir que la partie antérieure de l'épave, le reste, c'est-à-dire la large cassure qui avait séparé l'avant de l'arrière, lui étant caché par l'étranglement de l'écueil.

A cela près, le patron du *Shealtiel* n'avait rien dit que d'exact. La coque était perdue, la machine était intacte.

Ces hasards sont fréquents dans les naufrages comme dans les incendies. La logique du désastre nous échappe.

Les mâts cassés étaient tombés, la cheminée n'était pas même ployée; la grande plaque de fer qui supportait la mécanique l'avait maintenue ensemble et tout d'une pièce. Les revêtements en planches des tambours étaient disjoints à peu près comme les lames d'une persienne; mais à travers leurs claires-voies on distinguait les deux roues en bon état. Quelques pales manquaient.

Outre la machine, le grand cabestan de l'arrière avait résisté. Il avait sa chaîne, et, grâce à son robuste emboîtement dans un cadre de madriers, il pouvait rendre encore des services, pourvu toutefois que l'effort du tournevire ne fît pas fendre le plancher. Le tablier du pont fléchissait presque sur tous les points. Tout ce diaphragme était branlant.

En revanche le tronçon de la coque engagé entre les Douvres tenait ferme, nous l'avons dit, et semblait solide.

Cette conservation de la machine avait on ne sait quoi de dérisoire et ajoutait l'ironie à la catastrophe. La sombre malice de l'inconnu éclate quelquefois dans ces espèces de moqueries amères. La machine était sauvée, ce qui ne l'empêchait point d'être perdue. L'Océan la gardait pour la démolir à loisir. Jeu de chat.

Elle allait agoniser là et se défaire pièce à pièce. Elle allait servir de jouet aux sauvageries de l'écume. Elle allait décroître jour par jour et fondre pour ainsi dire. Qu'y faire? Que ce lourd bloc de mécanismes et d'engrenages, à la fois massif et délicat, condamné à l'immobilité par sa pesanteur, livré dans cette solitude aux forces démolissantes, mis par l'écueil à la discrétion du vent et du flot, pût, sous la pression de ce milieu implacable, échapper à la destruction lente, il semblait qu'il y eût folie rien qu'à l'imaginer.

La Durande était prisonnière des Douvres.

Comment la tirer de là ?

Comment la délivrer ?

L'évasion d'un homme est difficile; mais quel problème que celui-ci : l'évasion d'une machine !

IV

EXAMEN LOCAL PRÉALABLE

Gilliatt n'était entouré que d'urgences. Le plus pressé pourtant était de trouver d'abord un mouillage pour la panse, puis un gîte pour lui-même.

La Durande s'étant plus tassée à bâbord qu'à tribord, le tambour de droite était plus élevé que le tambour de gauche.

Gilliatt monta sur le tambour de droite. De là il

dominait la partie basse des brisants et, quoique le boyau des rochers, aligné à angles brisés derrière les Douvres, fît plusieurs coudes, Gilliatt put étudier le plan géométral de l'écueil.

Ce fut par cette reconnaissance qu'il commença.

Les Douvres, ainsi que nous l'avons indiqué déjà, étaient comme deux hauts pignons marquant l'entrée étroite d'une ruelle de petites falaises granitiques à devantures perpendiculaires. Il n'est point rare de trouver, dans les formations sous-marines primitives, de ces corridors singuliers qui semblent coupés à la hache.

Ce défilé, fort tortueux, n'était jamais à sec, même dans les basses mers. Un courant très-secoué le traversait toujours de part en part. La brusquerie des tournants était, selon le rumb de vent régnant, bonne ou mauvaise ; tantôt elle déconcertait la houle et la faisait tomber ; tantôt elle l'exaspérait. Ce dernier cas était plus fréquent ; l'obstacle met le flot en colère et le pousse aux excès ; l'écume est l'exagération de la vague.

Le vent d'orage, dans ces étranglements entre deux roches, subit la même compression et acquiert la même malignité. C'est la tempête à l'état de strangurie. L'immense souffle reste immense, et se fait aigu. Il est massue et dard. Il perce en même temps qu'il écrase. Qu'on se figure l'ouragan devenu vent coulis.

Les deux chaînes de rochers, laissant entre elles cette espèce de rue de la mer, s'étageaient plus bas que les Douvres en hauteurs graduellement décroissantes et s'enfonçaient ensemble dans le flot à une certaine distance. Il y avait là un autre goulet, moins élevé que le goulet des Douvres mais plus étroit encore, et qui était l'entrée est du défilé. On devinait que le double prolongement des deux arêtes de roches continuait la rue sous l'eau jusqu'au rocher l'Homme placé comme une citadelle carrée à l'autre extrémité de l'écueil.

Du reste, à mer basse, et c'était l'instant où Gilliatt observait, ces deux rangées de bas-fonds montraient leurs affleurements, quelques-uns à sec, tous visibles, et se coordonnant sans interruption.

L'Homme bornait et arc-boutait au levant la masse entière de l'écueil contre-butée au couchant par les deux Douvres.

Tout l'écueil, vu à vol d'oiseau, offrait un chapelet serpentant de brisants ayant à un bout les Douvres et à l'autre bout l'Homme.

L'écueil Douvres, pris dans son ensemble, n'était autre chose que l'émergement de deux gigantesques lames de granit se touchant presque et sortant verticalement, comme une crête, des cimes qui sont au fond de l'océan. Il y a hors de l'abîme de ces exfoliations immenses. La rafale et la houle avaient déchiqueté cette crête en scie. On n'en voyait que le haut ; c'était l'écueil. Ce que le flot cachait devait être énorme. La ruelle où l'orage avait jeté la Durande était l'entre-deux de ces lames colossales.

Cette ruelle, en zigzag comme l'éclair, avait à peu près sur tous les points la même largeur. L'océan l'avait ainsi faite. L'éternel tumulte dégage de ces régularités bizarres. Une géométrie sort de la vague.

D'un bout à l'autre du défilé, les deux murailles de roche se faisaient face parallèlement à une distance que le maître-couple de la Durande mesurait presque exactement. Entre les deux Douvres, l'évasement de la petite Douvre, recourbée et renversée, avait donné place aux tambours. Partout ailleurs les tambours eussent été broyés.

La double façade intérieure de l'écueil était hideuse. Quand, dans l'exploration du désert d'eau nommé océan on arrive aux choses inconnues de la mer, tout devient surprenant et difforme. Ce que Gilliatt, du haut de l'épave, pouvait apercevoir du défilé, faisait horreur. Il y a souvent dans les gorges granitiques de l'océan une étrange figuration permanente du naufrage. Le défilé des Douvres avait la sienne, effroyable. Les oxydes de la roche mettaient sur l'escarpement, çà et là, des rougeurs imitant des plaques de sang caillé. C'était quelque chose comme l'exsudation saignante d'un caveau de boucherie. Il y avait du charnier dans cet écueil. La rude pierre marine, diversement colorée, ici par la décomposition des amalgames métalliques mêlés à la roche, là par la moisissure, étalait par places des pourpres affreuses, des verdissements suspects, des éclaboussures vermeilles, éveillant une idée de meurtre et d'extermination. On croyait voir le mur pas essuyé d'une chambre d'assassinat. On eût dit que des écrasements d'hommes avaient laissé là leur trace ; la roche à pic avait on ne sait quelle empreinte d'agonies accumulées. En de certains endroits ce carnage paraissait ruisseler encore, la muraille était mouillée et il semblait impossible d'y appuyer le doigt sans le retirer sanglant. Une rouille de massacre apparaissait partout. Au pied du double escarpement parallèle, épars à fleur d'eau ou sous la lame, ou à sec dans les affouillements, de monstrueux galets ronds, les uns écarlates, les autres noirs ou violets, avaient des ressemblances de viscères ; on croyait voir des poumons frais, ou des foies pourrissant. On eût dit que des ventres de géants avaient été vidés là. De longs fils rouges, qu'on eût pu prendre pour des suintements funèbres, rayaient du haut en bas le granit.

Ces aspects sont fréquents dans les cavernes de la mer.

V

UN MOT SUR LES COLLABORATIONS SECRÈTES
DES ÉLÉMENTS

Pour ceux qui, par les hasards des voyages, peuvent être condamnés à l'habitation temporaire d'un écueil dans l'océan, la forme de l'écueil n'est point chose indifférente. Il y a l'écueil pyramide, une cime unique hors de l'eau; il y a l'écueil cercle, quelque chose comme un rond de grosses pierres; il y a l'écueil corridor. L'écueil corridor est le plus inquiétant. Ce n'est pas seulement à cause de l'angoisse du flot entre ses parois et des tumultes de la vague resserrée, c'est aussi à cause des obscures propriétés météorologiques qui semblent se dégager du parallélisme de deux roches en pleine mer. Ces deux lames droites sont un véritable appareil voltaïque.

Un écueil corridor est orienté. Cette orientation importe. Il en résulte une première action sur l'air et sur l'eau. L'écueil corridor agit sur le flot et sur le vent, mécaniquement par sa forme, galvaniquement par l'aimantation différente possible de ses plans verticaux, masses juxtaposées et contrariées l'une par l'autre.

Cette nature d'écueils tire à elle toutes les forces furieuses éparses dans l'ouragan, et a sur la tourmente une singulière puissance de concentration.

De là, dans les parages de ces brisants, une certaine accentuation de la tempête.

Il faut savoir que le vent est composite. On croit le vent simple ; il ne l'est point. Cette force n'est pas seulement dynamique, elle est chimique ; elle n'est pas seulement chimique, elle est magnétique. Il y a en elle de l'inexplicable. Le vent est électrique autant qu'aérien. De certains vents coïncident avec les aurores boréales. Le vent du banc des Aiguilles roule des vagues de cent pieds de haut, stupeur de Dumont-d'Urville. — *La corvette*, dit-il, *ne savait à qui entendre*. —Sous les rafales australes, de vraies tumeurs maladives boursouflent l'océan, et la mer devient si horrible que les sauvages s'enfuient pour ne point la voir. Les rafales boréales sont autres ; elles sont toutes mêlées d'épingles de glace, et ces bises irrespirables refoulent en arrière sur la neige les traîneaux des esquimaux. D'autres vents brûlent. C'est le simoun d'Afrique qui est le typhon de Chine et le samiel de l'Inde. Simoun, Typhon, Samiel ; on croit nommer des démons. Ils fondent le haut des montagnes ; un orage a vitrifié le volcan de Tolucca. Ce vent chaud, tourbillon couleur d'encre se ruant sur les nuées écarlates, a fait dire aux Védas : *Voici le dieu noir qui vient voler les vaches rouges*. On sent dans tous ces faits la pression du mystère électrique.

Le vent est plein de ce mystère. De même la mer. Elle aussi est compliquée ; sous ses vagues d'eau, qu'on voit, elle a ses vagues de forces, qu'on ne voit pas. Elle se compose de tout. De tous les pêle-mêle, l'océan est le plus indivisible et le plus profond.

Essayez de vous rendre compte de ce chaos, si énorme qu'il aboutit au niveau. Il est le récipient universel, réservoir pour les fécondations, creuset pour les transformations. Il amasse, puis disperse; il accumule, puis ensemence; il dévore, puis crée. Il reçoit tous les égouts de la terre, et il les thésaurise. Il est solide dans la banquise, liquide dans le flot, fluide dans l'effluve. Comme matière il est masse, et comme force il est abstraction. Il égalise et marie les phénomènes. Il se simplifie par l'infini dans la combinaison. C'est à force de mélange et de trouble qu'il arrive à la transparence. La diversité soluble se fond dans son unité. Il a tant d'éléments qu'il est l'identité. Une de ses gouttes, c'est tout lui. Parce qu'il est plein de tempêtes, il devient l'équilibre. Platon voyait danser les sphères; chose étrange à dire, mais réelle, dans la colossale évolution terrestre autour du soleil, l'océan, avec son flux et reflux, est le balancier du globe.

Dans un phénomène de la mer, tous les phénomènes sont présents. La mer est aspirée par le tourbillon comme par un siphon; un orage est un corps de pompe; la foudre vient de l'eau comme de l'air; dans les navires on sent de sourdes secousses, puis une odeur de soufre sort du puits des chaînes. L'océan bout. *Le diable a mis la mer dans sa chaudière,* disait Ruyter. En de certaines tempêtes qui caractérisent le remous des saisons et les entrées en équilibre des forces génésiaques, les navires battus de l'écume semblent exsuder une lueur, et des flammèches de phosphore courent sur les cordages, si mêlées à la manœuvre que les matelots tendent la main et tâchent de prendre au vol ces oiseaux de feu. Après le tremblement de terre de Lisbonne, une haleine de fournaise poussa vers la ville une lame de soixante pieds de hauteur. L'oscillation océanique se lie à la trépidation terrestre.

Ces énergies incommensurables rendent possibles tous les cataclysmes. A la fin de 1864, à cent lieues des côtes de Malabar, une des îles Maldives a sombré. Elle a coulé à fond comme un navire. Les pêcheurs partis le matin n'ont rien retrouvé le soir ; à peine ont-ils pu distinguer vaguement leurs villages sous la mer, et cette fois ce sont les barques qui ont assisté au naufrage des maisons.

En Europe où il semble que la nature se sente contrainte au respect de la civilisation, de tels événements sont rares jusqu'à l'impossibilité présumable. Pourtant Jersey et Guernesey ont fait partie de la Gaule ; et, au moment où nous écrivons ces lignes, un coup d'équinoxe vient de démolir sur la frontière d'Angleterre et d'Écosse la falaise Première des Quatre, *First of the Fourth*.

Nulle part ces forces paniques n'apparaissent plus formidablement amalgamées que dans le surprenant détroit boréal nommé Lyse-Fjord. Le Lyse-Fjord est le plus redoutable des écueils-boyaux de l'océan. La démonstration est là complète. C'est la mer de Norvége, le voisinage du rude golfe Stavanger, le cinquante-neuvième degré de latitude. L'eau est lourde et noire, avec une fièvre d'orages intermittents. Dans cette eau, au milieu de cette solitude, il y a une grande rue sombre. Rue pour personne. Nul n'y passe ; aucun navire ne s'y hasarde. Un corridor de dix lieues de long entre deux murailles de trois mille pieds de haut ;

voilà l'entrée qui s'offre. Ce détroit a des coudes et des angles comme toutes les rues de la mer, jamais droites, étant faites par la torsion du flot. Dans le Lyse-Fjord, presque toujours la lame est tranquille; le ciel est serein ; lieu terrible. Où est le vent? pas en haut. Où est le tonnerre? pas dans le ciel. Le vent est sous la mer, la foudre est dans la roche. De temps en temps il y a un tremblement d'eau. A de certains moments, sans qu'il y ait un nuage en l'air, vers le milieu de la hauteur de la falaise verticale, à mille ou quinze cents pieds au-dessus des vagues, plutôt du côté sud que du côté nord, brusquement le rocher tonne, un éclair en sort, cet éclair s'élance, puis se retire, comme ces jouets qui s'allongent et se replient dans la main des enfants ; il a des contractions et des élargissements ; il se darde à la falaise opposée, rentre dans le rocher, puis en ressort, recommence, multiplie ses têtes et ses langues, se hérisse de pointes, frappe où il peut, recommence encore, puis s'éteint sinistre. Les volées d'oiseaux s'enfuient. Rien de mystérieux comme cette artillerie sortant de l'invisible. Un rocher attaque l'autre. Les écueils s'entre-foudroient. Cette guerre ne regarde pas les hommes. Haine de deux murailles dans le gouffre.

Dans le Lyse-Fjord le vent tourne en effluve, la roche fait fonction de nuage et le tonnerre a des sorties de volcan. Ce détroit étrange est une pile ; il a pour éléments ses deux falaises.

VI

UNE ÉCURIE POUR LE CHEVAL

Gilliatt se connaissait assez en écueils pour prendre les Douvres fort au sérieux. Avant tout, nous venons de le dire, il s'agissait de mettre en sûreté la panse.

La double arête de récifs qui se prolongeait en tranchée sinueuse derrière les Douvres faisait elle-même groupe çà et là avec d'autres roches, et l'on y devinait des culs-de-sac et des caves se dégorgeant dans la ruelle et se rattachant au défilé principal comme des branches à un tronc.

La partie inférieure des brisants était tapissée de varech et la partie supérieure de lichen. Le niveau uniforme du varech sur toutes les roches marquait la ligne de flottaison de la marée pleine et de la mer étale. Les pointes que l'eau n'atteignait pas avaient cette argenture et cette dorure que donne aux granits marins le bariolage du lichen blanc et du lichen jaune.

Une lèpre de coquillages conoïdes couvrait la roche à de certains endroits. Carie sèche du granit.

Sur d'autres points, dans des angles rentrants où s'était accumulé un sable fin ondé à la surface plutôt par le vent que par le flot, il y avait des touffes de chardon bleu.

Dans les redans peu battus de l'écume, on reconnaissait les petites tanières forées par l'oursin. Ce hérisson coquillage, qui marche, boule vivante, en roulant sur ses pointes, et dont la cuirasse se compose de plus de dix mille pièces artistement ajustées et soudées, l'oursin, dont la bouche s'appelle, on ne sait pourquoi, *lanterne d'Aristote,* creuse le granit avec ses cinq dents qui mordent la pierre, et se loge dans le trou. C'est en ces alvéoles que les chercheurs de fruits de mer le trouvent. Ils le coupent en quatre et le mangent cru, comme l'huître. Quelques-uns trempent leur pain dans cette chair molle. De là son nom, *œuf de mer.*

Les sommets lointains des bas-fonds, mis hors de l'eau par la marée descendante, aboutissaient sous l'escarpement même de l'Homme à une sorte de crique murée presque de tous côtés par l'écueil. Il y avait là évidemment un mouillage possible. Gilliatt observa cette crique. Elle avait la forme d'un fer à cheval, et s'ouvrait d'un seul côté, au vent d'est, qui est le moins mauvais vent de ces parages. Le flot y était enfermé et presque dormant. Cette baie était tenable. Gilliatt d'ailleurs n'avait pas beaucoup de choix.

Si Gilliatt voulait profiter de la marée basse, il importait qu'il se hâtât.

Le temps, du reste, continuait d'être beau et doux. L'insolente mer était maintenant de bonne humeur.

Gilliatt redescendit, se rechaussa, dénoua l'amarre, rentra dans sa barque et poussa en mer. Il côtoya à la rame le dehors de l'écueil.

Arrivé près de l'Homme, il examina l'entrée de la crique.

Une moire fixe dans la mobilité du flot, ride imperceptible à tout autre qu'un marin, dessinait la passe.

Gilliatt étudia un instant cette courbe, linéament presque indistinct dans la lame, puis il prit un peu de large afin de virer à l'aise et de faire bon chenal, et vivement, d'un seul coup d'aviron, il entra dans la petite anse.

Il sonda.

Le mouillage était excellent en effet.

La panse serait protégée là contre à peu près toutes les éventualités de la saison.

Les plus redoutables récifs ont de ces recoins paisibles. Les ports qu'on trouve dans l'écueil ressemblent à l'hospitalité du bédouin ; ils sont honnêtes et sûrs.

Gilliatt rangea la panse le plus près qu'il put de l'Homme, toutefois hors de la distance de talonnement, et mouilla ses deux ancres.

Cela fait, il croisa les bras et tint conseil avec lui-même.

La panse était abritée; c'était un problème résolu; mais le deuxième se présentait. Où s'abriter lui-même maintenant?

Deux gîtes s'offraient : la panse elle-même, avec son coin de cabine à peu près habitable, et le plateau de l'Homme, aisé à escalader.

De l'un ou de l'autre de ces gîtes, on pourrait, à eau basse, et en sautant de roche en roche, gagner presque à pied sec l'entre-deux des Douvres où était la Durande.

Mais la marée basse ne dure qu'un moment, et tout le reste du temps on serait séparé, soit du gîte, soit de l'épave, par plus de deux cents brasses. Nager dans le flot d'un écueil est difficile; pour peu qu'il y ait de la mer, c'est impossible.

Il fallait renoncer à la panse et à l'Homme.

Aucune station possible dans les rochers voisins.

Les sommets inférieurs s'effaçaient deux fois par jour sous la marée haute.

Les sommets supérieurs étaient sans cesse atteints par des bonds d'écume. Lavage inhospitalier.

Restait l'épave elle-même.

Pouvait-on s'y loger?

Gilliatt l'espéra.

VII

UNE CHAMBRE POUR LE VOYAGEUR

Une demi-heure après, Gilliatt, de retour sur l'épave, montait et descendait du pont à l'entrepont et de l'entre-pont à la cale, approfondissant l'examen sommaire de sa première visite.

Il avait, à l'aide du cabestan, hissé sur le pont de la Durande le ballot qu'il avait fait du chargement de la panse. Le cabestan s'était bien comporté. Les barres ne manquaient pas pour le virer.

Gilliatt, dans ce tas de décombres, n'avait qu'à choisir.

Il trouva dans les débris un ciseau à froid, tombé sans doute de la baille du charpentier, et dont il augmenta sa petite caisse d'outils.

En outre, car dans le dénûment tout compte, il avait son couteau dans sa poche.

Gilliatt travailla toute la journée à l'épave, déblayant, consolidant, simplifiant.

Le soir venu, il reconnut ceci :

Toute l'épave était frissonnante au vent. Cette carcasse tremblait à chaque pas que Gilliatt faisait. Il n'y avait de stable et de ferme que la partie de coque emboîtée entre les rochers, qui contenait la machine. Là, les baux s'arc-boutaient puissamment au granit.

S'installer dans la Durande était imprudent. C'était une surcharge; et, loin de peser sur le navire, il importait de l'alléger.

Appuyer sur l'épave était le contraire de ce qu'il fallait faire.

Cette ruine voulait les plus grands ménagements. C'était comme un malade, qui expire. Il y aurait bien assez du vent pour la brutaliser.

C'était déjà fâcheux d'être contraint d'y travailler. La quantité de travail que l'épave aurait nécessairement à porter la fatiguerait certainement, peut-être au delà de ses forces.

En outre, si quelque accident de nuit survenait pendant le sommeil de Gilliatt, être dans l'épave, c'était sombrer avec elle. Nulle aide possible ; tout était perdu. Pour secourir l'épave, il fallait être dehors.

Être hors d'elle et près d'elle; tel était le problème.

La difficulté se compliquait.

Où trouver un abri dans de telles conditions?

Gilliatt songea.

Il ne restait plus que les deux Douvres. Elles semblaient peu logeables.

On distinguait d'en bas sur le plateau supérieur de la grande Douvre une espèce d'excroissance.

Les roches debout à cime plate, comme la grande Douvre et l'Homme, sont des pics décapités. Ils abondent dans les montagnes et dans l'océan. Certains rochers, surtout parmi ceux qu'on rencontre au large, ont des entailles comme des arbres attaqués. Ils ont l'air d'avoir reçu un coup de cognée. Ils sont soumis en effet au vaste va-et-vient de l'ouragan, ce bûcheron de la mer.

Il existe d'autres causes de cataclysme, plus profondes encore. De là sur tous ces vieux granits tant de blessures. Quelques-uns de ces colosses ont la tête coupée.

Quelquefois, cette tête, sans qu'on puisse s'expliquer comment, ne tombe pas, et demeure, mutilée, sur le sommet tronqué. Cette singularité n'est point très-rare. La Roque-au-Diable, à Guernesey, et la Table, dans la vallée d'Anweiler, offrent, dans les plus surprenantes conditions, cette bizarre énigme géologique.

Il était probablement arrivé à la grande Douvre quelque chose de pareil.

Si le renflement qu'on apercevait sur le plateau n'était pas une gibbosité naturelle de la pierre, c'était nécessairement quelque fragment restant du faîte ruiné.

Peut-être y avait-il dans ce morceau de roche une excavation.

Un trou où se fourrer ; Gilliatt n'en demandait pas davantage.

Mais comment atteindre au plateau ? comment

gravir cette paroi verticale, dense et polie comme un caillou, à demi couverte d'une nappe de conferves visqueuses, et ayant l'aspect glissant d'une surface savonnée ?

Il y avait trente pieds au moins du pont de la Durande à l'arête du plateau.

Gilliatt tira de sa caisse d'outils la corde à nœuds, se l'agrafa à la ceinture par le grappin, et se mit à escalader la petite Douvre. A mesure qu'il montait, l'ascension était plus rude. Il avait négligé d'ôter ses souliers, ce qui augmentait le malaise de la montée. Il ne parvint pas sans peine à la pointe. Arrivé à cette pointe, il se dressa debout. Il n'y avait guère de place que pour ses deux pieds. En faire son logis était difficile. Un stylite se fût contenté de cela. Gilliatt, plus exigeant, voulait mieux.

La petite Douvre se recourbait vers la grande, ce qui faisait que de loin elle semblait la saluer ; et l'intervalle des deux Douvres, qui était d'une vingtaine de pieds en bas, n'était plus que de huit ou dix pieds en haut.

De la pointe où il avait gravi, Gilliatt vit plus distinctement l'ampoule rocheuse qui couvrait en partie la plate-forme de la grande Douvre.

Cette plate-forme s'élevait à trois toises au moins au-dessus de sa tête.

Un précipice l'en séparait.

L'escarpement de la petite Douvre en surplomb se dérobait sous lui.

Gilliatt détacha de sa ceinture la corde à nœuds, prit rapidement du regard les dimensions, et lança le grappin sur la plate-forme.

Le grappin égratigna la roche, puis dérapa. La corde à nœuds, ayant le grappin à son extrémité, retomba sous les pieds de Gilliatt le long de la petite Douvre.

Gilliatt recommença, lançant la corde plus avant, et visant la protubérance granitique où il apercevait des crevasses et des stries.

Le jet fut si adroit et si net que le crampon se fixa.

Gilliatt tira dessus.

La roche cassa, et la corde à nœuds revint battre l'escarpement au-dessous de Gilliatt.

Gilliatt lança le grappin une troisième fois.

Le grappin ne retomba point.

Gilliatt fit effort sur la corde. Elle résista. Le grappin était ancré.

Il était arrêté dans quelque anfractuosité du plateau que Gilliatt ne pouvait voir.

Il s'agissait de confier sa vie à ce support inconnu.

Gilliatt n'hésita point.

Tout pressait. Il fallait aller au plus court.

D'ailleurs, redescendre sur le pont de la Durande pour aviser à quelque autre mesure était presque impossible. Le glissement était probable, et la chute à peu près certaine. On monte, on ne redescend pas.

Gilliatt avait, comme tous les bons matelots, des mouvements de précision. Il ne perdait jamais de force. Il ne faisait que des efforts proportionnés. De là les prodiges de vigueur qu'il exécutait avec des muscles ordinaires ; il avait les biceps du premier venu, mais un autre cœur. Il ajoutait à la force, qui est physique, l'énergie, qui est morale.

La chose à faire était redoutable.

Franchir, pendu à ce fil, l'intervalle des deux Douvres ; telle était la question.

On rencontre souvent, dans les actes de dévouement ou de devoir, de ces points d'interrogation qui semblent posés par la mort.

— Feras-tu cela ? dit l'ombre.

Gilliatt exécuta une seconde traction d'essai sur le crampon ; le crampon tint bon.

Gilliatt enveloppa sa main gauche de son mouchoir, étreignit la corde à nœuds du poing droit qu'il recouvrit de son poing gauche, puis, tendant un pied en avant et repoussant vivement de l'autre pied la roche afin que la vigueur de l'impulsion empêchât la rotation de la corde, il se précipita du haut de la petite Douvre sur l'escarpement de la grande.

Le choc fut dur.

Malgré la précaution prise par Gilliatt, la corde tourna, et ce fut son épaule qui frappa le rocher.

Il y eut rebondissement.

A leur tour ses poings heurtèrent la roche. Le mouchoir s'était dérangé. Ils furent écorchés ; c'était beaucoup qu'ils ne fussent pas brisés.

Gilliatt demeura un moment étourdi et suspendu.

Il fut assez maître de son étourdissement pour ne point lâcher la corde.

Un certain temps s'écoula en oscillations et en

soubresauts avant qu'il pût saisir la corde avec ses pieds ; il y parvint pourtant.

Revenu à lui, et tenant la corde entre ses pieds comme dans ses mains, il regarda en bas.

Il n'était pas inquiet sur la longueur de sa corde, qui lui avait plus d'une fois servi pour de plus grandes hauteurs. La corde, en effet, traînait sur le pont de la Durande.

Gilliatt, sûr de pouvoir redescendre, se mit à grimper.

En quelques instants il atteignit le plateau.

Jamais rien que d'ailé n'avait posé le pied là. Ce plateau était couvert de fientes d'oiseaux. C'était un trapèze irrégulier, cassure de ce colossal prisme granitique nommé la grande Douvre. Ce trapèze était creusé au centre comme une cuvette. Travail des pluies.

Gilliatt, du reste, avait conjecturé juste. On voyait à l'angle méridional du trapèze une superposition de rochers, décombres probables de l'écroulement du sommet. Ces rochers, espèce de tas de pavés démesurés, laissaient à une bête fauve qui eût été fourvoyée sur cette cime de quoi se glisser entre eux. Ils s'équilibraient pêle-mêle; ils avaient les interstices d'un monceau de gravats. Il n'y avait là ni grotte, ni antre, mais des trous comme dans une éponge. Une de ces tanières pouvait admettre Gilliatt.

Cette tanière avait un fond d'herbe et de mousse. Gilliatt serait là comme dans une gaîne.

L'alcôve, à l'entrée, avait deux pieds de haut. Elle allait se rétrécissant vers le fond. Il y a des cercueils de pierre qui ont cette forme. L'amas de rochers étant adossé au sud-ouest, la tanière était garantie des ondées, mais ouverte au vent du nord.

Gilliatt trouva que c'était bon.

Les deux problèmes étaient résolus; la panse avait un port et il avait un logis.

L'excellence de ce logis était d'être à portée de l'épave.

Le grappin de la corde à nœuds, tombé entre deux quartiers de roche, s'y était solidement accroché. Gilliatt l'immobilisa en mettant dessus une grosse pierre.

Puis il entra immédiatement en libre pratique avec la Durande.

Il était chez lui désormais.

La grande Douvre était sa maison; la Durande était son chantier.

Aller et venir, monter et descendre, rien de plus simple.

Il dégringola vivement de la corde à nœuds sur le pont.

La journée était bonne, cela commençait bien, il était content, il s'aperçut qu'il avait faim.

Il déficela son panier de provisions, ouvrit son couteau, coupa une tranche de bœuf fumé, mordit sa miche de pain bis, but un coup au bidon d'eau douce, et soupa admirablement.

Bien faire et bien manger, ce sont là deux joies. L'estomac plein ressemble à une conscience satisfaite.

Son souper fini, il y avait encore un peu de jour. Il en profita pour commencer l'allégement, très-urgent, de l'épave.

Il avait passé une partie de la journée à trier les décombres. Il mit de côté, dans le compartiment solide où était la machine, tout ce qui pouvait servir, bois, fer, cordage, toile. Il jeta à la mer l'inutile.

Le chargement de la panse, hissé par le cabestan

sur le pont, était, quelque sommaire qu'il fût, un encombrement. Gilliatt avisa l'espèce de niche creusée, à une hauteur que sa main pouvait atteindre, dans la muraille de la petite Douvre. On voit souvent dans les rochers de ces armoires naturelles, point fermées, il est vrai. Il pensa qu'il était possible de confier à cette niche un dépôt. Il mit au fond ses deux caisses, celle des outils et celle des vêtements, ses deux sacs, le seigle et le biscuit, et sur le devant, un peu trop près du bord peut-être, mais il n'avait pas d'autre place, le panier de provisions.

Il avait eu le soin de retirer de la caisse aux vêtements sa peau de mouton, son suroit à capuchon et ses jambières goudronnées.

Pour ôter prise au vent sur la corde à nœuds, il en attacha l'extrémité inférieure à une porque de la Durande.

La Durande ayant beaucoup de rentrée, cette porque avait beaucoup de courbure, et tenait le bout de la corde aussi bien que l'eût fait une main fermée.

Restait le haut de la corde. Assujettir le bas était bien, mais au sommet de l'escarpement, à l'endroit où la corde à nœuds rencontrait l'arête de la plate-forme, il était à craindre qu'elle ne fût peu à peu sciée par l'angle vif du rocher.

Gilliatt fouilla le monceau de décombres en réserve, et y prit quelques loques de toile à voile, et, dans un tronçon de vieux câbles, quelques longs brins de fil de carret, dont il bourra ses poches.

Un marin eût deviné qu'il allait capitonner avec ces morceaux de toile et ces bouts de fil le pli de la corde à nœuds sur le coupant du rocher, de façon à la préserver de toute avarie; opération qui s'appelle fourrure.

Sa provision de chiffons faite, il se passa les jambières aux jambes, endossa le suroît par-dessus sa vareuse, rabattit le capuchon sur sa galérienne, se noua au cou par les deux pattes la peau de mouton, et ainsi vêtu de cette panoplie complète, il empoigna la corde, robustement fixée désormais au flanc de la grande Douvre, et il monta à l'assaut de cette sombre tour de la mer.

Gilliatt, en dépit de ses mains écorchées, arriva lestement au plateau.

Les dernières pâleurs du couchant s'éteignaient.

Il faisait nuit sur la mer. Le haut de la Douvre gardait un peu de lueur.

Gilliatt profita de ce reste de clarté pour fourrer la corde à nœuds. Il lui appliqua, au coude qu'elle faisait sur le rocher, un bandage de plusieurs épaisseurs de toile, fortement ficelé à chaque épaisseur. C'était quelque chose comme la garniture que se mettent aux genoux les actrices pour les agonies et les supplications du cinquième acte.

La fourrure terminée, Gilliatt accroupi se redressa.

Depuis quelques instants, pendant qu'il ajustait ces loques sur la corde à nœuds, il percevait confusément en l'air un frémissement singulier.

Cela ressemblait, dans le silence du soir, au bruit que ferait le battement d'ailes d'une immense chauve-souris.

Gilliatt leva les yeux.

Un grand cercle noir tournait au-dessus de sa tête dans le ciel profond et blanc du crépuscule.

On voit, dans les vieux tableaux, de ces cercles sur la tête des saints. Seulement ils sont d'or sur un fond sombre; celui-ci était ténébreux sur un fond clair. Rien de plus étrange. On eût dit l'auréole de nuit de la grande Douvre.

Ce cercle s'approchait de Gilliatt et ensuite s'éloignait; se rétrécissant, puis s'élargissant.

C'étaient des mouettes, des goëlands, des frégates, des cormorans, des mauves, une nuée d'oiseaux de mer, étonnés.

Il est probable que la grande Douvre était leur auberge et qu'ils venaient se coucher. Gilliatt y avait pris une chambre. Ce locataire inattendu les inquiétait.

Un homme là, c'est ce qu'ils n'avaient jamais vu.

Ce vol effaré dura quelque temps.

Ils paraissaient attendre que Gilliatt s'en allât.

Gilliatt, vaguement pensif, les suivait du regard.

Ce tourbillon volant finit par prendre son parti, le cercle tout à coup se défit en spirale, et ce nuage de cormorans alla s'abattre, à l'autre bout de l'écueil, sur l'Homme.

Là ils parurent se consulter et délibérer. Gilliatt, tout en s'allongeant dans son fourreau de granit, et tout en se mettant sous la joue une pierre pour oreiller, entendit longtemps les oiseaux parler l'un après l'autre, chacun à son tour de croasse-ment.

Puis ils se turent, et tout s'endormit, les oiseaux sur leur rocher, Gilliatt sur le sien.

VIII

IMPORTUNÆQUE VOLUCRES

Gilliatt dormit bien. Pourtant il eut froid, ce qui le réveilla de temps en temps. Il avait naturellement placé ses pieds au fond et sa tête au seuil. Il n'avait pas pris le soin d'ôter de son lit une multitude de cailloux assez tranchants qui n'amélioraient pas son sommeil.

Par moments, il entr'ouvrait les yeux.

Il entendait à de certains instants des détonations profondes. C'était la mer montante qui entrait dans les caves de l'écueil avec un bruit de coup de canon.

Tout ce milieu où il était offrait l'extraordinaire de la vision; Gilliatt avait de la chimère autour de lui. Le demi-étonnement de la nuit s'y ajoutant, il se voyait plongé dans l'impossible. Il se disait : Je rêve.

Puis il se rendormait, et, en rêve alors, il se retrouvait au Bû de la Rue, aux Bravées, à Saint-Sampson; il entendait chanter Déruchette; il était dans le réel. Tant qu'il dormait, il croyait veiller et vivre; quand il se réveillait, il croyait dormir.

En effet, il était désormais dans un songe.

Vers le milieu de la nuit, une vaste rumeur s'était faite dans le ciel. Gilliatt en avait confusément conscience à travers son sommeil. Il est probable que la brise s'élevait.

Une fois, qu'un frisson de froid le réveilla, il écarta les paupières un peu plus qu'il n'avait fait encore. Il y avait de larges nuées au zénith; la lune s'enfuyait et une grosse étoile courait après elle.

Gilliatt avait l'esprit plein de la diffusion des songes, et ce grossissement du rêve compliquait les farouches paysages de la nuit.

Au point du jour, il était glacé et dormait profondément.

La brusquerie de l'aurore le tira de ce sommeil, dangereux peut-être. Son alcôve faisait face au soleil levant.

Gilliatt bâilla, s'étira, et se jeta hors de son trou.

Il dormait si bien qu'il ne comprit pas d'abord.

Peu à peu le sentiment de la réalité lui revint, et à tel point qu'il s'écria : Déjeunons!

Le temps était calme, le ciel était froid et serein, il n'y avait plus de nuages, le balayage de la nuit avait nettoyé l'horizon, le soleil se levait bien. C'était une seconde belle journée qui commençait. Gilliatt se sentit joyeux.

Il quitta son suroit et ses jambières, les roula dans la peau de mouton, la laine en dedans, noua le rouleau d'un bout de funin, et le poussa au fond de la tanière, à l'abri d'une pluie éventuelle.

Puis il fit son lit, c'est-à-dire retira les cailloux,

Son lit fait, il se laissa glisser le long de la corde sur le pont de la Durande, et courut à la niche où il avait déposé le panier de provisions.

Le panier n'y était plus. Comme il était fort près du bord, le vent de la nuit l'avait emporté et jeté dans la mer.

Ceci annonçait l'intention de se défendre.

Il avait fallu au vent une certaine volonté et une certaine malice pour aller chercher là ce panier.

C'était un commencement d'hostilités. Gilliatt le comprit.

Il est très-difficile, quand on vit dans la familiarité bourrue de la mer, de ne point regarder le vent comme quelqu'un et les rochers comme des personnages.

Il ne restait plus à Gilliatt, avec le biscuit et la farine de seigle, que la ressource des coquillages dont s'était nourri le naufragé mort de faim sur le rocher l'Homme.

Quant à la pêche, il n'y fallait point songer. Le poisson, ennemi des chocs, évite les brisants ; les nasses et les chaluts perdent leur peine dans les récifs, et ces pointes ne sont bonnes qu'à déchirer les filets.

Gilliatt déjeuna de quelques poux de roque, qu'il détacha fort malaisément du rocher. Il faillit y casser son couteau.

Tandis qu'il faisait ce luncheon maigre, il entendit un bizarre tumulte sur la mer. Il regarda.

C'était l'essaim de goëlands et de mouettes qui venait de se ruer sur une des roches basses, battant de l'aile, s'entre-culbutant, criant, appelant. Tous fourmillaient bruyamment sur le même point. Cette horde à bec et ongles pillait quelque chose.

Ce quelque chose était le panier de Gilliatt.

Le panier, lancé sur une pointe par le vent, s'y était crevé. Les oiseaux étaient accourus. Ils emportaient dans leurs becs toutes sortes de lambeaux déchiquetés. Gilliatt reconnut de loin son bœuf fumé et son stockfisch.

Les oiseaux entraient en lutte à leur tour. Ils avaient, eux aussi, leurs représailles. Gilliatt leur avait pris leur logis; ils lui prenaient son souper.

IX

L'ÉCUEIL, ET LA MANIÈRE DE S'EN SERVIR

Une semaine se passa.

Quoiqu'on fût dans une saison de pluie, il ne pleuvait pas, ce qui réjouissait fort Gilliatt.

Du reste, ce qu'il entreprenait dépassait, en apparence du moins, la force humaine. Le succès était tellement invraisemblable que la tentative paraissait folle.

Les opérations serrées de près manifestent leurs empêchements et leurs périls. Rien n'est tel que de commencer pour voir combien il sera malaisé de finir. Tout début résiste. Le premier pas qu'on fait est un révélateur inexorable. La difficulté qu'on touche pique comme une épine.

Gilliatt eut tout de suite à compter avec l'obstacle.

Pour tirer du naufrage, où elle était aux trois quarts enfoncée, la machine de la Durande, pour tenter, avec quelque chance de réussite, un tel sauvetage en un tel lieu dans une telle saison, il semblait qu'il fallût être une troupe d'hommes, Gilliatt était seul; il fallait tout un outillage de charpenterie et de machinerie, Gilliatt avait une scie, une hache, un ciseau et un marteau; il fallait un bon atelier et un bon baraquement, Gilliatt n'avait pas de toit; il fallait des provisions et des vivres, Gilliat n'avait pas de pain.

Quelqu'un qui, pendant toute cette première semaine, eût vu Gilliatt travailler dans l'écueil, ne se fût pas rendu compte de ce qu'il voulait faire. Il semblait ne plus songer à la Durande ni aux deux Douvres. Il n'était occupé que de ce qu'il y avait dans les brisants; il paraissait absorbé dans le sauvetage des petites épaves. Il profitait des marées basses pour dépouiller les récifs de tout ce que le naufrage leur avait partagé. Il allait de roche en roche ramasser ce que la mer y avait jeté, les haillons de voilure, les bouts de corde, les morceaux de fer, les éclats de panneaux, les bordages défoncés, les vergues cassées, là une poutre, là une chaîne, là une poulie.

En même temps il étudiait toutes les anfractuosités de l'écueil. Aucune n'était habitable, au grand désappointement de Gilliatt qui avait froid la nuit dans l'entre-deux de pavés où il logeait sur le comble de la grande Douvre, et qui eût souhaité trouver une meilleure mansarde.

Deux de ces anfractuosités étaient assez spacieuses; quoique le dallage de roche naturel en fût presque partout oblique et inégal, on pouvait s'y tenir debout et y marcher. La pluie et le vent y avaient leurs aises, mais les plus hautes marées ne les atteignaient point. Elles étaient voisines de la petite Douvre, et d'un abord possible à toute heure. Gilliatt décida que l'une serait un magasin, et l'autre une forge.

Avec tous les rabans de têtière et tous les rabans de pointure qu'il put recueillir, il fit des ballots des menues épaves, liant les débris en faisceaux et les toiles en paquets. Il aiguilleta soigneusement le tout. A mesure que la marée en montant venait renflouer ces ballots, il les traînait à travers les récifs jusqu'à son magasin. Il avait trouvé dans un creux de roche une guinderesse au moyen de laquelle il pouvait haler même les grosses pièces de charpente. Il tira de la mer de la même façon les nombreux tronçons de chaînes, épars dans les brisants.

Gilliatt était tenace et étonnant dans ce labeur. Il faisait tout ce qu'il voulait. Rien ne résiste à un acharnement de fourmi.

A la fin de la semaine, Gilliatt avait dans ce hangar de granit tout l'informe bric-à-brac de la tempête mis en ordre. Il y avait le coin des écouets et le coin des écoutes; les boulines n'étaient point mêlées avec les drisses; les bigots étaient rangés selon la quantité de trous qu'ils avaient; les emboudinures, soigneusement détachées des organeaux des ancres brisées, étaient roulées en écheveaux; les moques, qui n'ont point de rouet, étaient séparées des moufles; les cabillots, les margouillets, les pataras, les gabarons, les joutereaux, les calebas, les galoches, les pantoires, les oreilles d'âne, les racages, les bosses, les boute-hors, occupaient, pourvu qu'ils ne fussent pas complétement défigurés par l'avarie, des compartiments différents; toute la charpente, traversins, piliers, épontilles, chouquets, mantelets, jumelles, hiloires, était entassée à part; chaque fois que cela avait été possible, les planches des fragments de franc-bord embouffeté avaient été rentrées les unes dans les autres; il n'y avait nulle confusion des garcettes de ris avec les garcettes de tournevire, ni des araignées avec les touées, ni des poulies de galauban avec les poulies de franc-funin, ni des morceaux de virure avec les morceaux de vibord; un recoin avait été réservé à une partie du trelingage de la Durande, qui appuyait les haubans de hune et les gambes de hune. Chaque débris avait sa place. Tout le naufrage était là, classé et étiqueté. C'était quelque chose comme le chaos en magasin.

Une voile d'étai, fixée par de grosses pierres, recouvrait, fort trouée il est vrai, ce que la pluie pouvait endommager.

Si fracassé qu'eût été l'avant de la Durande, Gilliatt était parvenu à sauver les deux bossoirs avec leurs trois roues de poulies.

Il retrouva le beaupré, et il eut beaucoup de peine à en dérouler les liures; elles étaient fort adhérentes, ayant été, comme toujours, faites au cabestan, et par un temps sec. Gilliatt pourtant les détacha, ce gros funin pouvant lui être fort utile.

Il avait également recueilli la petite ancre qui était demeurée accrochée dans un creux de bas-fond où la mer descendante la découvrait.

Il trouva dans ce qui avait été la cabine de Tangrouille un morceau de craie, et le serra soigneusement. On peut avoir des marques à faire.

Un seau de cuir à incendie et plusieurs bailles en assez bon état complétaient cet en-cas de travail.

Tout ce qui restait du chargement de charbon de terre de la Durande fut porté dans le magasin.

En huit jours ce sauvetage des débris fut achevé; l'écueil fut nettoyé, et la Durande fut allégée. Il ne resta plus sur l'épave que la machine.

Le morceau de la muraille de l'avant qui adhérait à l'arrière ne fatiguait point la carcasse. Il y pendait sans tiraillement, étant soutenu par une saillie de roche. Il était d'ailleurs large et vaste, et lourd à traîner, et il eût encombré le magasin. Ce panneau de muraille avait l'aspect d'un radeau. Gilliatt le laissa où il était.

Gilliatt, profondément pensif dans ce labeur, chercha en vain la « poupée » de la Durande. C'était une des choses que le flot avait à jamais emportées. Gilliatt, pour la retrouver, eût donné ses deux bras, s'il n'en eût pas eu tant besoin.

A l'entrée du magasin et en dehors, on voyait deux tas de rebut, le tas de fer, bon à reforger, et le tas de bois, bon à brûler.

Gilliatt était à la besogne au point du jour. Hors des heures de sommeil, il ne prenait pas un moment de repos.

Les cormorans, volant çà et là, le regardaient travailler.

X

LA FORGE

Le magasin fait, Gilliatt fit la forge.

La deuxième anfractuosité choisie par Gilliatt offrait un réduit, espèce de boyau, assez profond. Il avait eu d'abord l'idée de s'y installer; mais la bise, se renouvelant sans cesse, était si continue et si opiniâtre dans ce couloir, qu'il avait dû renoncer à habiter là. Ce soufflet lui donna l'idée d'une forge. Puisque cette caverne ne pouvait être sa chambre, elle serait son atelier. Se faire servir par l'obstacle est un grand pas vers le triomphe. Le vent était l'ennemi de Gilliatt, Gilliatt entreprit d'en faire son valet.

Ce qu'on dit de certains hommes : — propres à tout, bons à rien, — on peut le dire des creux de rocher. Ce qu'ils offrent, ils ne le donnent point. Tel creux de rocher est une baignoire, mais qui laisse fuir l'eau par une fissure ; tel autre est une chambre, mais sans plafond ; tel autre est un lit de mousse, mais mouillée ; tel autre est un fauteuil, mais de pierre.

La forge que Gilliatt voulait établir était ébauchée par la nature ; mais dompter cette ébauche jusqu'à la rendre maniable, et transformer cette caverne en laboratoire, rien n'était plus âpre et plus malaisé. Avec trois ou quatre larges roches évidées en entonnoir et aboutissant à une fêlure étroite, le hasard avait fait là une espèce de vaste soufflante informe, bien autrement puissante que ces anciens grands soufflets de forge de quatorze pieds de long, lesquels donnaient en bas, par chaque coup d'haleine, quatre-vingt-dix-huit mille pouces d'air. C'était ici tout autre chose. Les proportions de l'ouragan ne se calculent pas.

Cet excès de force était une gêne ; il était difficile de régler ce souffle.

La caverne avait deux inconvénients ; l'air la traversait de part en part, l'eau aussi.

Ce n'était point la lame marine, c'était un petit ruissellement perpétuel, plus semblable à un suintement qu'à un torrent.

L'écume, sans cesse lancée par le ressac sur l'écueil, quelquefois à plus de cent pieds en l'air, avait fini par emplir d'eau de mer une cuve naturelle située dans les hautes roches qui dominaient l'excavation. Le trop-plein de ce réservoir faisait, un peu en arrière, dans l'escarpement, une mince chute d'eau, d'un pouce environ, tombant de quatre ou cinq toises. Un contingent de pluie s'y ajoutait. De temps en temps un nuage versait en passant une ondée dans ce réservoir inépuisable et toujours débordant. L'eau en était saumâtre, non potable, mais limpide, quoique salée. Cette chute s'égouttait gracieusement aux extrémités des conferves comme aux pointes d'une chevelure.

Gilliatt songea à se servir de cette eau pour

discipliner ce vent. Au moyen d'un entonnoir, de deux ou trois tuyaux en planches menuisés et ajustés à la hâte, dont un à robinet, et d'une baille très-large disposée en réservoir inférieur, sans flasque et sans contre-poids, en complétant seulement l'engin par un étranguillon en haut et des trous aspirateurs en bas, Gilliatt, qui était, nous l'avons dit, un peu forgeron et un peu mécanicien, parvint à composer, pour remplacer le soufflet de forge qu'il n'avait pas, un appareil moins parfait que ce qu'on nomme aujourd'hui une cagniardelle, mais moins rudimentaire que ce qu'on appelait jadis dans les Pyrénées une trompe.

Il avait de la farine de seigle, il en fit de la colle; il avait du funin blanc, il en fit de l'étoupe. Avec cette étoupe et cette colle et quelques coins de bois, il boucha toutes les fissures du rocher, ne laissant qu'un bec d'air, fait d'un petit tronçon d'espoulette qu'il trouva dans la Durande et qui avait servi de boute-feu au pierrier de signal. Ce bec d'air était horizontalement dirigé sur une large dalle où Gilliatt mit le foyer de la forge. Un bouchon, fait d'un bout de touron, le fermait au besoin.

Après quoi, Gilliatt empila du charbon et du bois dans ce foyer, battit le briquet sur le rocher même, fit tomber l'étincelle sur une poignée d'étoupe, et avec l'étoupe allumée alluma le bois et le charbon.

Il essaya la soufflante. Elle fit admirablement.

Gilliatt sentit une fierté de cyclope, maître de l'air, de l'eau et du feu.

Maître de l'air; il avait donné au vent une espèce de poumon, créé dans le granit un appareil respiratoire, et changé la soufflante en soufflet. Maître de l'eau; de la petite cascade, il avait fait une trompe. Maître du feu; de ce rocher inondé, il avait fait jaillir la flamme.

L'excavation étant presque partout à ciel ouvert, la fumée s'en allait librement, noircissant l'escarpement en surplomb. Ces rochers, qui semblaient à jamais faits pour l'écume, connurent la suie.

Gilliatt prit pour enclume un gros galet roulé d'un grain très-dense, offrant à peu près la forme et la dimension voulues. C'était là une base de frappement fort dangereuse, et pouvant éclater. Une des extrémités de ce bloc, arrondie et finissant en pointe, pouvait à la rigueur tenir lieu de bicorne conoïde, mais l'autre bicorne, la bicorne pyramidale, manquait. C'était l'antique enclume de pierre des Troglodytes. La surface, polie par le flot, avait presque la fermeté de l'acier.

Gilliatt regretta de ne point avoir apporté son enclume. Comme il ignorait que la Durande avait été coupée en deux par la tempête, il avait espéré trouver la baille du charpentier et tout son outillage ordinairement logé dans la cale à l'avant. Or, c'était précisément l'avant qui avait été emporté.

Les deux excavations conquises sur l'écueil par Gilliatt étaient voisines. Le magasin et la forge communiquaient.

Tous les soirs, sa journée finie, Gilliatt soupait d'un morceau de biscuit amolli dans l'eau, d'un oursin ou d'un poingclos, ou de quelques châtaignes de mer, la seule chasse possible dans ces rochers, et, grelottant comme la corde à nœuds, remontait se coucher dans son trou sur la grande Douvre.

L'espèce d'abstraction où vivait Gilliatt s'augmentait de la matérialité même de ses occupations. La réalité à haute dose effare. Le labeur corporel avec ses détails sans nombre n'ôtait rien à la stupeur de se trouver là et de faire ce qu'il faisait. Ordinairement la lassitude matérielle est un fil qui tire à terre ; mais la singularité même de la besogne entreprise par Gilliatt le maintenait dans une sorte de région idéale et crépusculaire. Il lui semblait par moment donner des coups de marteau dans les nuages. Dans d'autres instants, il lui semblait que ses outils étaient des armes. Il avait le sentiment singulier d'une attaque latente qu'il réprimait ou qu'il prévenait. Tresser du funin, tirer d'une voile un fil de carret, arc-bouter deux madriers, c'était façonner des machines de guerre. Les mille soins minutieux de ce sauvetage finissaient par ressembler à des précautions contre des agressions intelligentes, fort peu dissimulées et très-transparentes. Gilliatt ne savait pas les mots qui rendent les idées, mais il percevait les idées. Il se sentait de moins en moins ouvrier et de plus en plus belluaire.

Il était là comme dompteur. Il le comprenait presque. Élargissement étrange pour son esprit.

En outre, il avait autour de lui, à perte de vue, l'immense songe du travail perdu. Voir manœuvrer dans l'insondable et dans l'illimité la diffusion des forces, rien n'est plus troublant. On cherche des buts. L'espace toujours en mouvement, l'eau infatigable, les nuages qu'on dirait affairés, le vaste effort obscur, toute cette convulsion est un problème. Qu'est-ce que ce tremblement perpétuel fait? que construisent ces rafales? que bâtissent ces secousses? Ces chocs, ces sanglots, ces hurlements, qu'est-ce qu'ils créent? à quoi est occupé ce tumulte? Le flux et le reflux de ces questions est éternel comme la marée. Gilliatt, lui, savait ce qu'il faisait ; mais l'agitation de l'étendue l'obsédait confusément de son énigme. A son insu, mécaniquement, impérieusement, par pression et pénétration, sans autre résultat qu'un éblouissement inconscient et presque farouche, Gilliatt rêveur amalgamait à son propre travail le prodigieux travail inutile de la mer. Comment, en effet, ne pas subir et sonder, quand on est là, le mystère de l'effrayante onde laborieuse? Comment ne pas méditer, dans la mesure de ce qu'on a de méditation possible, la vacillation du flot, l'acharnement de l'écume, l'usure imperceptible du rocher, l'époumonement insensé des quatre vents?

Quelle terreur pour la pensée, le recommencement perpétuel, l'océan puits, les nuées Danaïdes, toute cette peine pour rien !

Pour rien, non. Mais, ô Inconnu ! toi seul sais pourquoi.

XI

DÉCOUVERTE

Un écueil voisin de la côte est quelquefois visité par les hommes ; un écueil en pleine mer, jamais. Qu'irait-on y chercher ? ce n'est pas une île. Point de ravitaillement à espérer, ni arbres à fruits, ni pâturages, ni bestiaux, ni sources d'eau potable. C'est une nudité dans une solitude. C'est une roche, avec des escarpements hors de l'eau et des pointes sous l'eau. Rien à trouver là que le naufrage.

Ces espèces d'écueils, que la vieille langue marine appelle les Isolés, sont, nous l'avons dit, des lieux étranges. La mer y est seule. Elle fait ce qu'elle veut. Nulle apparition terrestre ne l'inquiète. L'homme épouvante la mer; elle se défie de lui; elle lui cache ce qu'elle est et ce qu'elle fait. Dans l'écueil, elle est rassurée; l'homme n'y viendra pas. Le monologue des flots ne sera point troublé. Elle travaille à l'écueil, répare ses avaries, aiguise ses pointes, le hérisse, le remet à neuf, le maintient en état. Elle entreprend le percement du rocher, désagrége la pierre tendre, dénude la pierre dure, ôte la chair, laisse l'ossement, fouille, dissèque, fore, troue, canalise, met les cœcums en communication, emplit l'écueil de cellules, imite l'éponge en grand, creuse le dedans, sculpte le dehors. Elle se fait, dans cette montagne secrète, qui est à elle, des antres, des sanctuaires, des palais; elle a on ne sait quelle magnificence affreuse. Dans l'écueil isolé, rien ne la surveille, ne l'espionne et ne la dérange ; elle y développe à l'aise son côté mystérieux inaccessible à l'homme. Elle y dépose ses sécrétions vivantes et horribles. Tout l'ignoré de la mer est là.

Les promontoires, les caps, les finisterres, les nases, les brisants, les récifs, sont, insistons-y, de vraies constructions. La formation géologique est peu de chose, comparée à la formation océanique. Les écueils, ces maisons de la vague, ces pyramides et ces syringes de l'écume, appartiennent à un art mystérieux que l'auteur de ce livre a nommé quelque part l'Art de la Nature, et ont une sorte de style énorme. Le fortuit y semble voulu. Ces constructions sont multiformes. Elles ont l'enchevêtrement du polypier, la sublimité de la cathédrale, l'extravagance de la pagode, l'amplitude du mont, la délicatesse du bijou, l'horreur du sépulcre. Elles ont des alvéoles comme un guêpier, des tanières comme une ménagerie, des tunnels comme une taupinière, des cachots comme une bastille, des embuscades comme un camp. Elles ont des portes, mais barricadées, des colonnes, mais tronquées, des tours, mais penchées, des ponts, mais rompus. Leurs compartiments sont inexorables; ceci n'est que pour les oiseaux; ceci n'est que pour les poissons. On ne passe pas. Leur figure architecturale se transforme, se déconcerte, affirme la statique, la nie, se brise, s'arrête court, commence en archivolte, finit en architrave; bloc sur bloc; Encelade est le maçon. Une dynamique extraordinaire étale là ses problèmes, résolus. D'effrayants pendentifs menacent, mais ne tombent pas. On ne sait pas comment tiennent ces bâtisses vertigineuses. Partout des surplombs, des porte-à-faux, des lacunes, des suspensions insensées; la loi de ce babélisme échappe; l'Inconnu, immense architecte, ne calcule rien, et réussit tout; les rochers, bâtis pêle-mêle, composent un monument monstre; nulle logique, un vaste équilibre. C'est plus que de la solidité, c'est de l'éternité. En même temps, c'est le désordre. Le tumulte de la vague semble avoir passé dans le granit. Un écueil, c'est de la tempête pétrifiée. Rien de plus émouvant pour l'esprit que cette farouche architecture, toujours croulante, toujours debout. Tout s'y entr'aide et s'y contrarie. C'est un combat de lignes d'où résulte un édifice. On y reconnaît la collaboration de ces deux querelles, l'océan et l'ouragan.

Cette architecture a ses chefs-d'œuvre, terribles. L'écueil Douvres en était un.

Celui-là, la mer l'avait construit et perfectionné avec un amour formidable. L'eau hargneuse le léchait. Il était hideux, traître, obscur; plein de caves.

Il avait tout un système veineux de trous sous-marins se ramifiant dans des profondeurs insondables. Plusieurs des orifices de ce percement inextricable étaient à sec aux marées basses. On y pouvait entrer. A ses risques et périls.

Gilliatt, pour les besoins de son sauvetage, dut explorer toutes ces grottes. Pas une qui ne fût effroyable. Partout, dans ces caves, se reproduisait, avec les dimensions exagérées de l'océan, cet aspect d'abattoir et de boucherie étrangement empreint dans l'entre-deux des Douvres. Qui n'a point vu, dans des excavations de ce genre, sur la muraille du granit éternel, ces affreuses fresques de la nature, ne peut s'en faire l'idée.

Ces grottes féroces étaient sournoises ; il ne fallait point s'y attarder. La marée haute les emplissait jusqu'au plafond.

Les poux de roque et les fruits de mer y abondaient.

Elles étaient encombrées de galets roulés, amoncelés en tas au fond des voûtes. Beaucoup de ces galets pesaient plus d'une tonne. Ils étaient de toutes proportions et de toutes couleurs ; la plupart paraissaient sanglants ; quelques-uns, couverts de conferves poilues et gluantes, semblaient de grosses taupes vertes fouillant le rocher.

Plusieurs de ces caves se terminaient brusquement en cul-de-four. D'autres, artères d'une circulation mystérieuse, se prolongeaient dans le rocher en fissures tortueuses et noires. C'étaient les rues du gouffre. Ces fissures se rétrécissant sans cesse, un homme n'y pouvait passer. Un brandon allumé y laissait voir des obscurités suintantes.

Une fois, Gilliatt, furetant, s'aventura dans une de ces fissures. L'heure de la marée s'y prêtait. C'était une belle journée de calme et de soleil. Aucun incident de mer, pouvant compliquer le risque, n'était à redouter.

Deux nécessités, nous venons de l'indiquer,

pour le sauvetage, des débris utiles, et trouver des crabes et des langoustes pour sa nourriture. Les coquillages commençaient à lui manquer dans les Douvres.

La fissure était resserrée et le passage presque impossible. Gilliatt voyait de la clarté au delà. Il fit effort, s'effaça, se tordit de son mieux, et s'engagea le plus avant qu'il put.

Il se trouvait, sans s'en douter, précisément dans l'intérieur du rocher sur la pointe duquel Clubin avait lancé la Durande. Gilliatt était sous cette pointe. Le rocher, abrupt extérieurement, et inabordable, était évidé en dedans. Il avait des galeries, des puits et des chambres comme le tombeau d'un roi d'Égypte. Cet affouillement était un des plus compliqués parmi ces dédales, travail de l'eau, sape de la mer infatigable. Les embranchements de ce souterrain sous mer communiquaient probablement avec l'eau immense du dehors par plus d'une issue, les unes béantes au niveau du flot, les autres profonds entonnoirs invisibles. C'était tout près de là, mais Gilliatt l'ignorait, que Clubin s'était jeté à la mer.

Gilliatt, dans cette lézarde à crocodiles, où les

crocodiles, il est vrai, n'étaient pas à craindre, serpentait, rampait, se heurtait le front, se courbait, se redressait, perdait pied, retrouvait le sol, avançait péniblement. Peu à peu le boyau s'élargit, un demi-jour parut, et tout à coup Gilliatt fit son entrée dans une caverne extraordinaire.

XII

LE DEDANS D'UN ÉDIFICE SOUS MER

Ce demi-jour vint à propos.

Un pas de plus, Gilliatt tombait dans une eau peut-être sans fond. Ces eaux de caves ont un tel refroidissement et une paralysie si subite, que souvent les plus forts nageurs y restent.

Nul moyen d'ailleurs de remonter et de s'accrocher aux escarpements entre lesquels on est muré.

Gilliatt s'arrêta court. La crevasse d'où il sortait aboutissait à une saillie étroite et visqueuse, espèce d'encorbellement dans la muraille à pic. Gilliatt s'adossa à la muraille et regarda.

Il était dans une grande cave. Il avait au-dessus de lui quelque chose comme le dessous d'un crâne démesuré. Ce crâne avait l'air fraîchement disséqué. Les nervures ruisselantes des stries du rocher imitaient sur la voûte les embranchements des fibres et les sutures dentelées d'une boîte osseuse. Pour plafond, la pierre; pour plancher, l'eau; les lames de la marée, resserrées entre les quatre parois de la grotte, semblaient de larges dalles tremblantes. La grotte était fermée de toutes parts. Pas une lucarne, pas un soupirail; aucune brèche à la muraille, aucune fêlure à la voûte. Tout cela était éclairé d'en bas à travers l'eau. C'était on ne sait quel resplendissement ténébreux.

Gilliatt, dont les pupilles s'étaient dilatées pendant le trajet obscur du corridor, distinguait tout dans ce crépuscule.

Il connaissait, pour y être allé plus d'une fois, les caves de Plémont à Jersey, le Creux-Maillé à Guernesey, les Boutiques à Serk, ainsi nommées à cause des contrebandiers qui y déposaient leurs marchandises; aucun de ces merveilleux antres n'était comparable à la chambre souterraine et sous-marine où il venait de pénétrer.

Gilliatt voyait en face de lui sous la vague une sorte d'arche noyée. Cette arche, ogive naturelle façonnée par le flot, était éclatante entre ses deux jambages profonds et noirs. C'est par ce porche submergé qu'entrait dans la caverne la clarté de la haute mer. Jour étrange donné par un engloutissement.

Cette clarté s'évasait sous la lame comme un large éventail et se répercutait sur le rocher. Ses rayonnements rectilignes, découpés en longues bandes droites, sur l'opacité du fond, s'éclaircissant ou s'assombrissant d'une anfractuosité à l'autre, imitaient des interpositions de lames de verre. Il y avait du jour dans cette cave, mais du jour inconnu. Il n'y avait plus dans cette clarté rien de notre lumière. On pouvait croire qu'on venait d'enjamber dans une autre planète. La lumière était une énigme; on eût dit la lueur glauque de la prunelle d'un sphinx. Cette cave figurait le dedans d'une tête de mort énorme et splendide; la voûte était le crâne, et l'arche était la bouche; les trous des yeux manquaient. Cette bouche, avalant et rendant le flux et le reflux, béante au plein midi extérieur, buvait de la lumière et vomissait de l'amertume. De certains êtres, intelligents et mauvais, ressemblent à cela. Le rayon du soleil, en traversant ce porche obstrué d'une épaisseur vitreuse d'eau de mer, devenait vert comme un rayon d'Aldébaran. L'eau, toute pleine de cette lumière mouillée, paraissait de l'émeraude en fusion. Une nuance d'aigue-marine d'une délicatesse inouïe teignait mollement toute la caverne. La voûte, avec ses lobes presque cérébraux et ses ramifications rampantes pareilles à des épanouissements de nerfs, avait un tendre reflet de chrysoprase. Les moires du flot, réverbérées au plafond, s'y décomposaient et s'y recomposaient sans fin, élargissant et rétrécissant leurs mailles d'or avec un mouvement de danse mystérieuse. Une impression spectrale s'en dégageait; l'esprit pouvait se demander quelle proie ou quelle attente faisait si joyeux ce magnifique filet de feu vivant. Aux reliefs de la voûte et aux aspérités du roc

probablement leurs racines à travers le granit dans quelque nappe d'eau supérieure, et égrenant, l'une après l'autre, à leur extrémité, une goutte d'eau, une perle. Ces perles tombaient dans le gouffre avec un petit bruit doux. Le saisissement de cet ensemble était indicible. On ne pouvait rien imaginer de plus charmant ni rien rencontrer de plus lugubre.

C'était on ne sait quel palais de la Mort, contente.

XIII

CE QU'ON Y VOIT ET CE QU'ON Y ENTREVOIT

De l'ombre qui éblouit; tel était ce lieu surprenant.

La palpitation de la mer se faisait sentir dans cette cave. L'oscillation extérieure gonflait, puis déprimait la nappe d'eau intérieure avec la régularité d'une respiration. On croyait deviner une âme mystérieuse dans ce grand diaphragme vert s'élevant et s'abaissant en silence.

L'eau était magiquement limpide, et Gilliatt y distinguait, à des profondeurs diverses, des stations immergées, surfaces de roches en saillie d'un vert de plus en plus foncé. Certains creux obscurs étaient probablement insondables.

Des deux côtés du porche sous-marin, des ébauches de cintres surbaissés, pleins de ténèbres, indiquaient de petites caves latérales, bas côtés de la caverne centrale, accessibles peut-être à l'époque des très-basses marées.

Ces anfractuosités avaient des plafonds en plan incliné, à angles plus ou moins ouverts. De petites plages, larges de quelques pieds, mises à nu par les fouilles de la mer, s'enfonçaient et se perdaient sous ces obliquités.

Çà et là des herbes longues de plus d'une toise ondulaient sous l'eau avec un balancement de cheveux au vent. On entrevoyait des forêts de goëmons.

Hors du flot et dans le flot, toute la muraille de la cave, du haut en bas, depuis la voûte jusqu'à son effacement dans l'invisible, était tapissée de ces prodigieuses floraisons de l'océan, si rarement aperçues par l'œil humain, que les vieux navigateurs espagnols nommaient *praderias del mar*. Une mousse robuste, qui avait toutes les nuances de l'olive, cachait et amplifiait les exostoses du granit. De tous les surplombs jaillissaient les minces lanières gaufrées du varech dont les pêcheurs se font des baromètres. Le souffle obscur de la caverne agitait ces courroies luisantes.

Sous ces végétations se dérobaient et se montraient en même temps les plus rares bijoux de l'écrin de l'océan, des éburnes, des strombes, des mitres, des casques, des pourpres, des buccins, des struthiolaires, des cérites turriculées. Les cloches des patelles, pareilles à des huttes microscopiques, adhéraient partout au rocher et se groupaient en villages, dans les rues desquels rôdaient les oscabrions, ces scarabées de la vague. Les galets ne pouvant que difficilement entrer dans cette grotte, les coquillages s'y réfugiaient. Les coquillages sont des grands seigneurs, qui, tout brodés et tout passementés, évitent le rude et incivil contact de la populace des cailloux. L'amoncellement étincelant des coquillages faisait sous la lame, à de certains endroits, d'ineffables irradiations à travers lesquelles on entrevoyait un fouillis d'azurs et de nacres, et des ors de toutes les nuances de l'eau.

Sur la paroi de la cave, un peu au-dessus de la ligne de flottaison de la marée, une plante magnifique et singulière se rattachait comme une bordure à la tenture de varech, la continuait et l'achevait. Cette plante, fibreuse, touffue, inextricablement coudée et presque noire, offrait aux regards de larges nappes brouillées et obscures, partout piquées d'innombrables petites fleurs couleur lapis-lazuli. Dans l'eau ces fleurs semblaient s'allumer, et l'on croyait voir des braises bleues. Hors de l'eau c'étaient des fleurs, sous l'eau c'étaient des saphirs; de sorte que la lame, en montant et en inondant le soubassement de la grotte revêtu de ces plantes, couvrait le rocher d'escarboucles.

A chaque gonflement de la vague enflée comme un poumon, ces fleurs, baignées, resplendissaient, à chaque abaissement elles s'éteignaient; mélancolique ressemblance avec la destinée. C'était l'aspiration, qui est la vie ; puis l'expiration, qui est la mort.

Une des merveilles de cette caverne, c'était le roc. Ce roc, tantôt muraille, tantôt cintre, tantôt étrave ou pilastre, était par places brut et nu, puis, tout à côté, travaillé des plus délicates ciselures naturelles. On ne sait quoi, qui avait beaucoup d'esprit, se mêlait à la stupidité massive du granit. Quel artiste que l'abîme! Tel pan de mur, coupé carrément et couvert de rondes bosses ayant des attitudes, figurait un vague bas-relief; on pouvait, devant cette sculpture où il y avait du nuage, rêver de Prométhée ébauchant pour Michel-Ange. Il semblait qu'avec quelques coups de marteau le génie eût pu achever ce qu'avait commencé le géant. En d'autres endroits, la roche était damasquinée comme un bouclier sarrasin ou niellée comme une vasque florentine. Elle avait des panneaux qui paraissaient de bronze de Corinthe, puis des arabesques comme une porte de mosquée, puis, comme une pierre runique, des empreintes d'ongles obscures et improbables. Des plantes à ramuscules torses et à vrilles, s'entre-croisant sur les dorures du lichen, la couvraient de filigranes. Cet antre se compliquait d'un alhambra. C'était la rencontre de la sauvagerie et de l'orfévrerie dans l'auguste et difforme architecture du hasard.

Les magnifiques moisissures de la mer mettaient

du velours sur les angles du granit. Les escarpements étaient festonnés de lianes grandiflores, adroites à ne point tomber, et qui semblaient intelligentes, tant elles ornaient bien. Des pariétaires à bouquets bizarres montraient leurs touffes à propos et avec goût. Toute la coquetterie possible à une caverne était là. La surprenante lumière édénique qui venait de dessous l'eau, à la fois pénombre marine et rayonnement paradisiaque, estompait tous les linéaments dans une sorte de diffusion visionnaire. Chaque vague était un prisme. Les contours des choses, sous ces ondoiements irisés, avaient le chromatisme des lentilles d'optique trop convexes; des spectres solaires flottaient sous l'eau. On croyait voir se tordre dans cette diaphanéité aurorale des tronçons d'arcs-en-ciel noyés. Ailleurs, en d'autres coins, il y avait dans l'eau un certain clair de lune. Toutes les splendeurs semblaient amalgamées là pour faire on ne sait quoi d'aveugle et de nocturne. Rien de plus troublant et de plus énigmatique que ce faste dans cette cave. Ce qui dominait, c'était l'enchantement. La végétation fantasque et la stratification informe s'accordaient et dégageaient une harmonie. Ce mariage de choses farouches était heureux. Les ramifications se cramponnaient en ayant l'air d'effleurer. La caresse du roc sauvage et de la fleur fauve était profonde. Des piliers massifs avaient pour chapiteaux et pour ligatures de frêles guirlandes toutes pénétrées de frémissement, on songeait à des doigts de fées chatouillant des pieds de béhémoths, et le rocher soutenait la plante et la plante étreignait le rocher avec une grâce monstrueuse.

La résultante de ces difformités mystérieusement ajustées était on ne sait quelle beauté souveraine. Les œuvres de la nature, non moins suprêmes que les œuvres du génie, contiennent de l'absolu, et s'imposent. Leur inattendu se fait obéir impérieusement par l'esprit; on y sent une préméditation qui est en dehors de l'homme, et elles ne sont jamais plus saisissantes que lorsqu'elles font subitement sortir l'exquis du terrible.

Cette grotte inconnue était, pour ainsi dire, et si une telle expression était admissible, sidéralisée. On y subissait ce que la stupeur a de plus imprévu. Ce qui emplissait cette crypte, c'était de

la lumière d'apocalypse. On n'était pas bien sûr
que cette chose fût. On avait devant les yeux une
réalité empreinte d'impossible. On regardait cela,
on y touchait, on y était; seulement il était difficile d'y croire.

Était-ce du jour qui venait par cette fenêtre
sous la mer? Était-ce de l'eau qui tremblait dans
cette cuve obscure? Ces cintres et ces porches
n'étaient-ils point de la nuée céleste imitant une
caverne? Quelle pierre avait-on sous les pieds? Ce
support n'allait-il point se désagréger et devenir
fumée? Qu'était-ce que cette joaillerie de coquillages qu'on entrevoyait? A quelle distance était-on de la vie, de la terre, des hommes? Qu'était-ce
que ce ravissement mêlé à ces ténèbres? Émotion
inouïe, presque sacrée, à laquelle s'ajoutait la
douce inquiétude des herbes au fond de l'eau.

A l'extrémité de la cave, qui était oblongue, sous
une archivolte cyclopéenne d'une coupe singulièrement correcte, dans un creux presque indistinct, espèce d'antre dans l'antre et de tabernacle dans le sanctuaire, derrière une nappe de
clarté verte interposée comme un voile de temple,
on apercevait hors du flot une pierre à pans carrés

ayant une ressemblance d'autel. L'eau entourait cette pierre de toutes parts. Il semblait qu'une déesse vînt d'en descendre. On ne pouvait s'empêcher de rêver sous cette crypte, sur cet autel, quelque nudité céleste éternellement pensive, et que l'entrée d'un homme faisait éclipser. Il était difficile de concevoir cette cellule auguste sans une vision dedans; l'apparition, évoquée par la rêverie, se recomposait d'elle-même; un ruissellement de lumière chaste sur des épaules à peine entrevues, un front baigné d'aube, un ovale de visage olympien, des rondeurs de seins mystérieux, des bras pudiques, une chevelure dénouée dans de l'aurore, des hanches ineffables modelées en pâleur dans une brume sacrée, des formes de nymphe, un regard de vierge, une Vénus sortant de la mer, une Ève sortant du chaos; tel était le songe qu'il était impossible de ne pas faire. Il était invraisemblable qu'il n'y eût point là un fantôme. Une femme toute nue, ayant en elle un astre, était probablement sur cet autel tout à l'heure. Sur ce piédestal d'où émanait une indicible extase, on imaginait une blancheur, vivante et debout. L'esprit se représentait, au milieu de l'adoration muette de cette caverne, une Amphitrite, une Téthys, quelque Diane pouvant aimer, statue de l'idéal formée d'un rayonnement et regardant l'ombre avec douceur. C'était elle qui, en s'en allant, avait laissé dans la caverne cette clarté, espèce de parfum lumière sorti de ce corps étoile. L'éblouissement de ce fantôme n'était plus là; on n'apercevait pas cette figure, faite pour être vue seulement par l'invisible, mais on la sentait; on avait ce tremblement qui est une volupté. La déesse était absente, mais la divinité était présente.

La beauté de l'antre semblait faite pour cette présence. C'était à cause de cette déité, de cette fée des nacres, de cette reine des souffles, de cette grâce née des flots, c'était à cause d'elle, on se le figurait du moins, que le souterrain était religieusement muré, afin que rien ne pût jamais troubler, autour de ce divin fantôme, l'obscurité qui est un respect, et le silence qui est une majesté.

Gilliatt, qui était une espèce de voyant de la nature, songeait, confusément ému.

Tout à coup, à quelques pieds au-dessous de lui, dans la transparence charmante de cette eau qui était comme de la pierrerie dissoute, il aperçut quelque chose d'inexprimable. Une espèce de long haillon se mouvait dans l'oscillation des lames. Ce haillon ne flottait pas, il voguait; il avait un but, il allait quelque part, il était rapide. Cette guenille avait la forme d'une marotte de bouffon avec des pointes; ces pointes, flasques, ondoyaient; elle semblait couverte d'une poussière impossible à mouiller. C'était plus qu'horrible, c'était sale. Il y avait de la chimère dans cette chose; c'était un être, à moins que ce ne fût une apparence. Elle semblait se diriger vers le côté obscur de la cave, et s'y enfonçait. Les épaisseurs d'eau devinrent sombres sur elle. Cette silhouette glissa et disparut, sinistre.

LIVRE DEUXIÈME

LE LABEUR

I

LES RESSOURCES DE CELUI A QUI TOUT MANQUE

•

Cette cave ne lâchait pas aisément les gens. L'entrée avait été peu commode, la sortie fut plus obstruée encore. Gilliatt néanmoins s'en tira, mais il n'y retourna plus. Il n'y avait rien trouvé de ce qu'il cherchait, et il n'avait pas le temps d'être curieux.

Il mit immédiatement la forge en activité. Il manquait d'outils, il s'en fabriqua.

Il avait pour combustible l'épave, l'eau pour moteur, le vent pour souffleur, une pierre pour enclume, pour art son instinct, pour puissance sa volonté.

Gilliatt entra ardemment dans ce sombre travail.

Le temps paraissait y mettre de la complaisance. Il continuait d'être sec et aussi peu équinoxial que possible. Le mois de mars était venu, mais tranquillement. Les jours s'allongeaient. Le bleu du ciel, la vaste douceur des mouvements de l'étendue, la sérénité du plein midi, semblaient exclure toute mauvaise intention. La mer était gaie au soleil. Une caresse préalable assaisonne les trahisons. De ces caresses-là, la mer n'en est point avare. Quand on a affaire à cette femme, il faut se défier du sourire.

Il y avait peu de vent ; la soufflante hydraulique n'en travaillait que mieux. L'excès de vent eût plutôt gêné qu'aidé.

Gilliatt avait une scie ; il se fabriqua une lime ; avec la scie il attaqua le bois, avec la lime il attaqua le métal ; puis il s'ajouta les deux mains de fer du forgeron, une tenaille et une pince ; la tenaille étreint, la pince manie ; l'une agit comme le poignet, l'autre comme le doigt. L'outillage est un organisme. Peu à peu Gilliatt se donnait des auxiliaires, et construisait son armure. D'un morceau de feuillard il fit un auvent au foyer de sa forge.

Un de ses principaux soins fut le triage et la réparation des poulies. Il remit en état les caisses et les rouets des moufles. Il coupa l'exfoliation de toutes les solives brisées, et en refaçonna les extrémités ; il avait, nous l'avons dit, pour les nécessités de sa charpenterie, quantité de membrures emmagasinées et appareillées selon les formes, les dimensions et les essences, le chêne d'un côté, le sapin de l'autre, les pièces courbes, comme les porques, séparées des pièces droites, comme les hiloires. C'était sa réserve de points d'appui et de leviers, dont il pouvait avoir grand besoin à un moment donné.

Quiconque médite un palan doit se pourvoir de poutres et de moufles ; mais cela ne suffit pas, il faut de la corde. Gilliatt restaura les câbles et les grelins. Il étira les voiles déchirées, et réussit à en extraire d'excellent fil de carret dont il composa du filin ; avec ce filin, il rabouta les cordages. Seulement ces sutures étaient sujettes à pourrir, il fallait se hâter d'employer ces cordes et ces câbles, Gilliatt n'avait pu faire que du funin blanc, il manquait de goudron.

Les cordages raccommodés, il raccommoda les chaînes.

Il put, grâce à la pointe latérale du galet enclume, laquelle tenait lieu de bicorne conique, forger des anneaux grossiers, mais solides. Avec ces anneaux il rattacha les uns aux autres les bouts de chaîne cassés, et fit des longueurs.

Forger seul et sans aide est plus que malaisé. Il en vint à bout pourtant. Il est vrai qu'il n'eut à façonner sur la forge que des pièces de peu de masse ; il pouvait les manier d'une main avec la pince pendant qu'il les martelait de l'autre main.

Il coupa en tronçons les barres de fer rondes de la passerelle de commandement, forgea aux deux extrémités de chaque tronçon, d'un côté une pointe, de l'autre une large tête plate, et cela fit de grands clous d'environ un pied de long. Ces clous, très-usités en pontonnerie, sont utiles aux fixations dans les rochers.

Pourquoi Gilliatt se donnait-il toute cette peine? On verra.

Il dut refaire plusieurs fois le tranchant de sa hache et les dents de sa scie. Il s'était, pour la scie, fabriqué un tiers-point.

Il se servait dans l'occasion du cabestan de la Durande. Le crochet de la chaîne cassa. Gilliatt en reforgea un autre.

A l'aide de sa pince et de sa tenaille, et en se servant de son ciseau comme d'un tournevis, il entreprit de démonter les deux roues du navire; il y parvint. On n'a pas oublié que ce démontage était exécutable ; c'était une particularité de la construction de ces roues. Les tambours qui les avaient couvertes, les emballèrent; avec les planches des tambours, Gilliatt charpenta et menuisa deux caisses où il déposa, pièce à pièce, les deux roues soigneusement numérotées.

Son morceau de craie lui fut précieux pour ce numérotage.

Il rangea ces deux caisses sur la partie la plus solide du pont de la Durande.

Ces préliminaires terminés, Gilliatt se trouva face à face avec la difficulté suprême. La question de la machine se posa.

Démonter les roues avait été possible; démonter la machine, non.

D'abord Gilliatt connaissait mal ce mécanisme. Il pouvait, en allant au hasard, lui faire quelque blessure irréparable. Ensuite, même pour essayer de le défaire morceau à morceau, s'il eût eu cette imprudence, il fallait d'autres outils que ceux qu'on peut fabriquer avec une caverne pour forge, un vent coulis pour soufflet, et un caillou pour enclume. En tentant de démonter la machine, on risquait de la dépecer.

Ici on pouvait se croire tout à fait en présence de l'impraticable.

Il semblait que Gilliatt fût au pied de ce mur : l'impossible.

Que faire ?

II

COMME QUOI SHAKESPEARE PEUT SE RENCONTRER
AVEC ESCHYLE

Gilliatt avait son idée.

Depuis ce maçon charpentier de Salbris qui, au seizième siècle, dans le bas âge de la science, bien avant qu'Amontons eût trouvé la première loi du frottement, Lahire la seconde et Coulomb la troisième, sans conseil, sans guide, sans autre aide qu'un enfant, son fils, avec un outillage informe, résolut en bloc, dans la descente du « gros horloge » de l'église de la Charité-sur-Loire, cinq ou six problèmes de statique et de dynamique mêlés ensemble ainsi que des roues dans un embarras de charrettes et faisant obstacle à la fois, depuis ce manœuvre extravagant et superbe qui trouva moyen, sans casser un fil de laiton et sans décliqueter un engrenage, de faire glisser tout d'une pièce, par une simplification prodigieuse, du second étage du clocher au premier étage, cette massive cage des heures, toute en fer et en cuivre, « grande comme la chambre du guetteur de nuit », avec son mouvement, ses cylindres, ses barillets, ses tambours, ses crochets et ses pesons, son orbe de canon et son orbe de chaussée, son balancier horizontal, ses ancres d'échappement, ses écheveaux de chaînes et de chaînettes, ses poids de pierre dont un pesait cinq cent livres, ses sonneries, ses carillons, ses jacquemarts; depuis cet homme qui fit ce miracle, et dont on ne sait plus le nom, jamais rien de pareil à ce que méditait Gilliatt n'avait été entrepris.

L'opération que rêvait Gilliatt était pire peut-être, c'est-à-dire plus belle encore.

Le poids, la délicatesse, l'enchevêtrement des difficultés, n'étaient pas moindres de la machine de la Durande que de l'horloge de la Charité-sur-Loire.

Le charpentier gothique avait un aide, son fils; Gilliatt était seul.

Une population était là, venue de Meung-sur-Loire, de Nevers, et même d'Orléans, pouvant, au besoin, assister le maçon de Salbris, et l'encourageant de son brouhaha bienveillant; Gilliatt n'avait autour de lui d'autre rumeur que le vent et d'autre foule que les flots.

Rien n'égale la timidité de l'ignorance, si ce n'est sa témérité. Quand l'ignorance se met à oser, c'est qu'elle a en elle une boussole. Cette boussole, c'est l'intuition du vrai, plus claire parfois dans un esprit simple que dans un esprit compliqué.

Ignorer invite à essayer. L'ignorance est une rêverie, et la rêverie curieuse est une force. Savoir déconcerte parfois et déconseille souvent. Gama, savant, eût reculé devant le cap des Tempêtes. Si Christophe Colomb eût été bon cosmographe, il n'eût point découvert l'Amérique.

Le second qui monta sur le mont Blanc fut

un savant, Saussure; le premier fut un pâtre, Balmat.

Ces cas, disons-le en passant, sont l'exception, et tout ceci n'ôte rien à la science, qui reste la règle. L'ignorant peut trouver, le savant seul invente.

La panse était toujours à l'ancre dans la crique de l'Homme, où la mer la laissait tranquille. Gilliatt, on s'en souvient, avait tout arrangé de façon à se maintenir en libre pratique avec sa barque. Il y alla, et en mesura soigneusement le bau à plusieurs endroits, particulièrement le maître-couple. Puis il revint à la Durande, et mesura le grand diamètre du parquet de la machine. Ce grand diamètre, sans les roues, bien entendu, était de deux pieds moindre que le maître bau de la panse. Donc la machine pouvait entrer dans la barque.

Mais comment l'y faire entrer?

III.

LE CHEF-D'OEUVRE DE GILLIATT VIENT AU SECOURS
DU CHEF-D'OEUVRE DE LETHIERRY

A quelque temps de là, un pêcheur qui eût été assez fou pour flâner en cette saison dans ces parages eût été payé de sa hardiesse par la vision entre les Douvres de quelque chose de singulier.

Voici ce qu'il eût aperçu : quatre madriers robustes, espacés également, allant d'une Douvre à l'autre, et comme forcés entre les rochers, ce qui est la meilleure des solidités. Du côté de la petite Douvre, leurs extrémités posaient et se contre-butaient sur les reliefs du roc ; du côté de la grande Douvre, ces extrémités avaient dû être violemment enfoncées dans l'escarpement à coups de marteau par quelque puissant ouvrier debout sur la poutre même qu'il enfonçait. Ces madriers étaient un peu plus longs que l'entre-deux n'était large ; de là, la ténacité de leur emboîtement ; de là aussi, leur ajustement en plan incliné. Ils touchaient la grande Douvre à angle aigu et la petite Douvre à angle obtus. Ils étaient faiblement déclives, mais inégalement, ce qui était un défaut. A ce défaut près, on les eût dit disposés pour recevoir le tablier d'un pont. A ces quatre madriers étaient attachés quatre palans garnis chacun de leur itague et de leur garant, et ayant cela de hardi et d'étrange que la moufle à deux rouets était à une extrémité du madrier et la poulie simple à l'extrémité opposée. Cet écart, trop grand pour n'être pas périlleux, était probablement exigé par les nécessités de l'opération à accomplir. Les moufles étaient fortes et les poulies solides. A ces palans se rattachaient des câbles qui de loin paraissaient des fils, et, au-dessous de cet appareil aérien de moufles et de charpentes, la massive épave, la Durande, semblait suspendue à ces fils.

Suspendue, elle ne l'était pas encore. Perpendiculairement sous les madriers, huit ouvertures étaient pratiquées dans le pont, quatre à bâbord et quatre à tribord de la machine, et huit autres sous celles-là, dans la carène. Les câbles descendant verticalement des quatre moufles entraient dans le pont, puis sortaient de la carène, par les ouvertures de tribord, passaient sous la quille et sous la machine, rentraient dans le navire par les ouvertures de bâbord, et, remontant, traversant de nouveau le pont, revenaient s'enrouler aux quatre poulies des madriers, où une sorte de palanquin les saisissait et en faisait un trousseau relié à un câble unique et pouvant être dirigé par un seul bras. Un crochet et une moque, par le trou de laquelle passait et se dévidait le câble unique, complétaient l'appareil et, au besoin, l'enrayaient. Cette combinaison contraignait les quatre palans à travailler ensemble, et, véritable frein des forces pendantes, gouvernail de dynamique sous la main du pilote de l'opération, maintenait la manœuvre en équilibre. L'ajustement très-ingénieux de ce palanguin avait quelques-unes des qualités simplifiantes de la poulie-Weston d'aujourd'hui, et de l'antique polyspaston de Vitruve. Gilliatt avait trouvé cela, bien qu'il ne connût ni Vitruve, qui n'existait plus, ni Weston, qui n'existait pas encore. La longueur des câbles variait selon l'inégale déclivité des madriers, et corrigeait un peu cette inégalité. Les cordes étaient dangereuses, le funin blanc pouvait casser, il eût mieux valu des chaînes, mais des chaînes eussent roulé sur les palans.

Tout cela, plein de fautes, mais fait par un seul homme, était surprenant.

Du reste, nous abrégeons l'explication. On comprendra que nous omettions beaucoup de détails qui rendraient la chose claire aux gens du métier et obscure aux autres.

Le haut de la cheminée de la machine passait entre les deux madriers du milieu.

Gilliatt, sans s'en douter, plagiaire inconscient de l'inconnu, avait refait, à trois siècles de distance, le mécanisme du charpentier de Salbris, mécanisme rudimentaire et incorrect, redoutable à qui oserait le manœuvrer.

Disons ici que les fautes même les plus grossières n'empêchent point un mécanisme de fonctionner tant bien que mal. Cela boite, mais cela marche. L'obélisque de la place de Saint-Pierre de Rome a été dressé contre toutes les règles de la statique. Le carrosse du czar Pierre était construit de telle sorte qu'il semblait devoir verser à chaque pas ; il roulait pourtant. Que de difformités dans la machine de Marly ! Tout y était en porte-à-faux. Elle n'en donnait pas moins à boire à Louis XIV.

Quoi qu'il en fût, Gilliatt avait confiance. Il avait même empiété sur le succès au point de fixer dans le bord de la panse, le jour où il y était allé, deux paires d'anneaux de fer en regard, des deux côtés de la barque, aux mêmes espacements que les quatre anneaux de la Durande auxquels se rattachaient les quatre chaînes de la cheminée.

Gilliatt avait évidemment un plan très-complet et très-arrêté. Ayant contre lui toutes les chances, il voulait mettre toutes les précautions de son côté.

Il faisait des choses qui semblaient inutiles, signe d'une préméditation attentive.

Sa manière de procéder eût dérouté, nous avons

déjà fait cette remarque, un observateur, même connaisseur.

Un témoin de ses travaux qui l'eût vu, par exemple, avec des efforts inouïs et au péril de se rompre le cou, enfoncer à coups de marteau huit ou dix des grands clous qu'il avait forgés, dans le soubassement des deux Douvres à l'entrée du défilé de l'écueil, eût compris difficilement le pourquoi de ces clous, et se fût probablement demandé à quoi bon toute cette peine.

S'il eût vu ensuite Gilliatt mesurer le morceau de la muraille de l'avant qui était, on s'en souvient, resté adhérent à l'épave, puis attacher un fort grelin au rebord supérieur de cette pièce, couper à coups de hache les charpentes disloquées qui la retenaient, la traîner hors du défilé, à l'aide de la marée descendante poussant le bas pendant que Gilliatt tirait le haut, enfin rattacher à grand'-peine avec le grelin cette pesante plaque de planches et de poutres, plus large que l'entrée même du défilé, aux clous enfoncés dans la base de la petite Douvre, l'observateur eût peut-être moins compris encore, et se fût dit que, si Gilliatt voulait, pour l'aisance de ses manœuvres, dégager la ruelle des Douvres de cet encombrement, il n'avait qu'à le laisser tomber dans la marée qui l'eût emporté à vau-l'eau.

Gilliatt probablement avait ses raisons.

Gilliatt, pour fixer les clous dans le soubassement des Douvres, tirait parti de toutes les fentes du granit, les élargissait au besoin, et y enfonçait d'abord des coins de bois dans lesquels il enracinait ensuite les clous de fer. Il ébaucha la même préparation dans les deux roches qui se dressaient à l'autre extrémité du détroit de l'écueil, du côté de l'est; il en garnit de chevilles de bois toutes les lézardes, comme s'il voulait tenir ces lézardes prêtes à recevoir, elles aussi, des crampons; mais cela parut être un simple en-cas, car il n'y enfonça point de clous. On comprend que, par prudence dans sa pénurie, il ne pouvait dépenser ses matériaux qu'au fur et à mesure des besoins, et au moment où la nécessité se déclarait. C'était une complication ajoutée à tant d'autres difficultés.

Un premier travail achevé, un deuxième surgissait. Gilliatt passait sans hésiter de l'un à l'autre et faisait résolûment cette enjambée de géant.

VI

BUB RE

L'homme qui faisait ces choses était devenu effrayant.

Gilliatt, dans ce labeur multiple, dépensait toutes ses forces à la fois; il les renouvelait difficilement.

Privations d'un côté, lassitude de l'autre, il avait maigri. Ses cheveux et sa barbe avaient poussé. Il n'avait plus qu'une chemise qui ne fût pas en loques. Il était pieds nus, le vent ayant emporté un de ses souliers, et la mer l'autre. Des éclats de l'enclume rudimentaire, et fort dangereuse, dont il se servait, lui avaient fait aux mains et aux bras de petites plaies, éclaboussures du travail. Ces plaies, écorchures plutôt que blessures, étaient superficielles, mais irritées par l'air vif et par l'eau salée.

Il avait faim, il avait soif, il avait froid.

Son bidon d'eau douce était vide. Sa farine de seigle était employée ou mangée. Il n'avait plus qu'un peu de biscuit.

Il le cassait avec les dents, manquant d'eau pour le détremper.

Peu à peu et jour à jour ses forces décroissaient.

Ce rocher redoutable lui soutirait la vie.

Boire était une question ; manger était une question ; dormir était une question.

Il mangeait quand il parvenait à prendre un cloporte de mer ou un crabe ; il buvait quand il voyait un oiseau de mer s'abattre sur une pointe de rocher. Il y grimpait et y trouvait un creux avec un peu d'eau douce. Il buvait après l'oiseau, quelquefois avec l'oiseau ; car les mauves et les mouettes s'étaient accoutumées à lui, et ne s'envolaient pas à son approche. Gilliatt, même dans ses plus grandes faims, ne leur faisait point de mal. Il avait, on s'en souvient, la superstition des oiseaux. Les oiseaux, de leur côté, ses cheveux étant hérissés et horribles et sa barbe longue, n'en avaient plus peur ; ce changement de figure les rassurait ; ils ne le trouvaient plus un homme et le croyaient une bête.

Les oiseaux et Gilliatt étaient maintenant bons amis. Ces pauvres s'entr'aidaient. Tant que Gilliatt avait eu du seigle, il leur avait émietté de petits morceaux des galettes qu'il faisait ; à cette heure, à leur tour, ils lui indiquaient les endroits où il y avait de l'eau.

Il mangeait les coquillages crus ; les coquillages sont, dans une certaine mesure, désaltérants. Quant aux crabes, il les faisait cuire ; n'ayant pas de marmite, il les rôtissait entre deux pierres rougies au feu, à la manière des gens sauvages des îles Féroë.

Cependant un peu d'équinoxe s'était déclaré ; la pluie était venue ; mais une pluie hostile. Point d'ondées, point d'averses, mais de longues aiguilles, fines, glacées, pénétrantes, aiguës, qui perçaient les vêtements de Gilliatt jusqu'à la peau et la peau jusqu'aux os. Cette pluie donnait peu à boire et mouillait beaucoup.

Avare d'assistance, prodigue de misère, telle était cette pluie, indigne du ciel. Gilliatt l'eut sur lui pendant plus d'une semaine tout le jour et toute la nuit. Cette pluie était une mauvaise action d'en haut.

La nuit, dans son trou de rocher, il ne dormait que par l'accablement du travail. Les grands cousins de mer venaient le piquer. Il se réveillait couvert de pustules.

Il avait la fièvre, ce qui le soutenait ; la fièvre est un secours, qui tue. D'instinct, il mâchait du lichen ou suçait des feuilles de cochléaria sauvage, maigres pousses des fentes sèches de l'écueil. Du reste, il s'occupait peu de sa souffrance. Il n'avait pas le temps de se distraire de sa besogne à cause de lui, Gilliatt. La machine de la Durande se portait bien. Cela lui suffisait.

A chaque instant, pour les nécessités de son travail, il se jetait à la nage, puis reprenait pied.

Il entrait dans l'eau et en sortait, comme on passe d'une chambre de son appartement dans l'autre.

Ses vêtements ne séchaient plus. Ils étaient pénétrés d'eau de pluie qui ne tarissait pas et d'eau de mer qui ne sèche jamais. Gilliatt vivait mouillé

Vivre mouillé est une habitude qu'on prend. Les pauvres groupes irlandais, vieillards, mères, jeunes filles presques nues, enfants, qui passent l'hiver en plein air sous l'averse et la neige blottis les uns contre les autres aux angles des maisons dans les rues de Londres, vivent et meurent mouillés.

Être mouillé et avoir soif; Gilliatt endurait cette torture bizarre. Il mordait par moments la manche de sa vareuse.

Le feu qu'il faisait ne le réchauffait guère; le feu en plein air n'est qu'un demi-secours; on brûle d'un côté et l'on gèle de l'autre.

Gilliatt, en sueur, grelottait.

Tout résistait autour de Gilliatt dans une sorte de silence terrible. Il se sentait l'ennemi.

Les choses ont un sombre *Non possumus*.

Leur inertie est un avertissement lugubre.

Une immense mauvaise volonté entourait Gilliatt.

Il avait des brûlures et des frissons. Le feu le mordait, l'eau le glaçait, la soif l'enfiévrait, le vent lui déchirait ses habits, la faim lui minait l'estomac. Il subissait l'oppression d'un ensemble épuisant. L'obstacle, tranquille, vaste, ayant l'irresponsabilité apparente du fait fatal, mais plein d'on ne sait quelle unanimité farouche, convergeait de toutes parts sur Gilliatt. Gilliatt le sentait appuyé inexorablement sur lui. Nul moyen de s'y soustraire. C'était presque quelqu'un. Gilliatt avait conscience d'un rejet sombre et d'une haine faisant effort pour le diminuer. Il ne tenait qu'à lui de fuir, mais, puisqu'il restait, il avait affaire à l'hostilité impénétrable. Ne pouvant le mettre dehors, on le mettait dessous. On? l'Inconnu. Cela l'étreignait, le comprimait, lui ôtait la place, lui ôtait l'haleine. Il était meurtri par l'invisible. Chaque jour, la vis mystérieuse se serrait d'un cran.

La situation de Gilliatt en ce milieu inquiétant ressemblait à un duel louche dans lequel il y a un traître.

La coalition des forces obscures l'environnait. Il sentait une résolution de se débarrasser de lui. C'est ainsi que le glacier chasse le bloc erratique.

Presque sans avoir l'air d'y toucher, cette coalition latente le mettait en haillons, en sang, aux abois, et, pour ainsi dire, hors de combat avant le combat. Il n'en travaillait pas moins, et sans relâche, mais à mesure que l'ouvrage se faisait, l'ouvrier se défaisait. On eût dit que cette fauve nature, redoutant l'âme, prenait le parti d'exténuer l'homme. Gilliatt tenait tête, et attendait. L'abîme commençait par l'user. Que ferait l'abîme ensuite ?

La double Douvre, ce dragon fait de granit et embusqué en pleine mer, avait admis Gilliatt. Elle l'avait laissé entrer et laissé faire. Cette acceptation ressemblait à l'hospitalité d'une gueule ouverte.

Le désert, l'étendue, l'espace où il y a pour l'homme tant de refus, l'inclémence muette des phénomènes suivant leur cours, la grande loi générale implacable et passive, les flux et reflux, l'écueil, pléiade noire dont chaque pointe est une étoile à tourbillons, centre d'une irradiation de courants, on ne sait quel complot de l'indifférence des choses contre la témérité d'un être, l'hiver, les nuées, la mer assiégeante, enveloppaient Gilliatt, le cernaient lentement, se fermaient en quelque sorte sur lui, et le séparaient des vivants comme un cachot qui monterait autour d'un homme. Tout contre lui, rien pour lui; il était isolé, abandonné, affaibli, miné, oublié, Gilliatt avait sa cambuse vide, son outillage ébréché ou défaillant, la soif et la faim le jour, le froid la nuit, des plaies et des loques, des guenilles sur des suppurations, des trous aux habits et à la chair, les mains déchirées, les pieds saignants, les membres maigres, le visage livide, une flamme dans les yeux.

Flamme superbe, la volonté visible. L'œil de l'homme est ainsi fait qu'on y aperçoit sa vertu. Notre prunelle dit quelle quantité d'homme il y a en nous. Nous nous affirmons par la lumière qui est sous notre sourcil. Les petites consciences clignent de l'œil, les grandes jettent des éclairs. Si rien ne brille sous la paupière, c'est que rien ne pense dans le cerveau, c'est que rien n'aime dans le cœur. Celui qui aime veut, et celui qui veut éclaire et éclate. La résolution met le feu au regard; feu admirable qui se compose de la combustion des pensées timides.

Les opiniâtres sont les sublimes. Qui n'est que brave n'a qu'un accès, qui n'est que vaillant n'a qu'un tempérament, qui n'est que courageux n'a qu'une vertu; l'obstiné dans le vrai a la grandeur. Presque tout le secret des grands cœurs est dans ce mot : *Perseverando*. La persévérance est au courage ce que la roue est au levier; c'est le renouvellement perpétuel du point d'appui. Que le but soit sur la terre ou au ciel, aller au but, tout est là; dans le premier cas, on est Colomb, dans le second cas, on est Jésus. La croix est folle ; de là sa gloire. Ne pas laisser discuter sa conscience ni désarmer sa volonté, c'est ainsi qu'on obtient la souffrance et le triomphe. Dans l'ordre des faits moraux, tomber n'exclut point planer. De la chute sort l'ascension. Les médiocres se laissent déconseiller par l'obstacle spécieux; les forts, non. Périr est leur peut-être, conquérir est leur certitude. Vous pouvez donner à Étienne toutes sortes de bonnes raisons pour qu'il ne se fasse pas lapider. Le dédain des objections raisonnables enfante cette sublime victoire vaincue qu'on nomme le martyre.

Tous les efforts de Gilliatt semblaient cramponnés à l'impossible, la réussite était chétive ou lente, et il fallait dépenser beaucoup pour obtenir peu; c'est là ce qui le faisait magnanime, c'est là ce qui le faisait pathétique.

Que, pour échafauder quatre poutres au-dessus d'un navire échoué, pour découper et isoler dans ce navire la partie sauvetable, pour ajuster à cette épave dans l'épave quatre palans avec leurs câbles, il eût fallu tant de préparatifs, tant de travaux, tant de tâtonnements, tant de nuits sur la dure, tant de jours dans la peine, c'était là la misère du travail solitaire. Fatalité dans la cause, nécessité dans l'effet. Cette misère, Gilliatt l'avait plus qu'acceptée; il l'avait voulue. Redoutant un concurrent, parce qu'un concurrent eût pu être un rival, il n'avait point cherché d'auxiliaire. L'écrasante entreprise, le risque, le danger, la besogne multipliée par elle-même, l'engloutissement possible du sauveteur par le sauvetage, la famine, la fièvre, le dénûment, la détresse, il avait tout pris pour lui seul. Il avait eu cet égoïsme.

Il était sous une sorte d'effrayante cloche pneumatique. La vitalité se retirait peu à peu de lui. Il s'en apercevait à peine.

L'épuisement des forces n'épuise pas la volonté.
Croire n'est que la deuxième puissance; vouloir
est la première. Les montagnes proverbiales que
la foi transporte ne sont rien à côté de ce que fait
la volonté. Tout le terrain que Gilliatt perdait en
vigueur, il le regagnait en ténacité. L'amoindrisse-
ment de l'homme physique sous l'action refoulante
de cette sauvage nature aboutissait au grandissement de l'homme moral.

Gilliatt ne sentait point la fatigue, ou, pour
mieux dire, n'y consentait pas. Le consentement
de l'âme refusé aux défaillances du corps est une
force immense.

Gilliatt voyait les pas que faisait son travail, et
ne voyait que cela. C'était le misérable sans le
savoir. Son but, auquel il touchait presque, l'hal-
lucinait. Il souffrait toutes ces souffrances sans
qu'il lui vînt une autre pensée que celle-ci : En
avant! Son œuvre lui montait à la tête. La volonté
grise. On peut s'enivrer de son âme. Cette ivro-
gnerie-là s'appelle l'héroïsme.

Gilliatt était une espèce de Job de l'océan.

Mais un Job luttant, un Job combattant et faisant front aux fléaux, un Job conquérant, et, si de

tels mots n'étaient pas trop grands pour un pauvre matelot pêcheur de crabes et de langoustes, un Job Prométhée.

V

SUB UMBRA

Parfois, la nuit, Gilliatt ouvrait les yeux et regardait l'ombre.

Il se sentait étrangement ému.

L'œil ouvert sur le noir. Situation lugubre ; anxiété.

La pression de l'ombre existe.

Un indicible plafond de ténèbres; une haute obscurité sans plongeur possible; de la lumière mêlée à cette obscurité, on ne sait quelle lumière vaincue et sombre; de la clarté mise en poudre; est-ce une semence? est-ce une cendre? des millions de flambeaux, nul éclairage; une vaste ignition qui ne dit pas son secret, une diffusion de feu en poussière qui semble une volée d'étincelles arrêtée, le désordre du tourbillon et l'immobilité du sépulcre, le problème offrant une ouverture de précipice, l'énigme montrant et cachant sa face, l'infini masqué de noirceur, voilà la nuit. Cette superposition pèse à l'homme.

Cet amalgame de tous les mystères à la fois, du mystère cosmique comme du mystère fatal, accable la tête humaine.

La pression de l'ombre agit en sens inverse sur les différentes espèces d'âmes. L'homme devant la nuit se reconnaît incomplet. Il voit l'obscurité et sent l'infirmité. Le ciel noir, c'est l'homme aveugle. L'homme, face à face avec la nuit, s'abat, s'agenouille, se prosterne, se couche à plat ventre, rampe vers un trou, ou se cherche des ailes. Presque toujours il veut fuir cette présence informe de l'Inconnu. Il se demande ce que c'est; il tremble, il se courbe, il ignore; parfois aussi il veut y aller.

Aller où ?

Là.

Là ? Qu'est-ce ? et qu'y a-t-il ?

Cette curiosité est évidemment celle des choses défendues, car de ce côté tous les ponts autour de l'homme sont rompus. L'arche de l'infini manque. Mais le défendu attire, étant gouffre. Où le pied ne va pas, le regard peut atteindre; où le regard s'arrête, l'esprit peut continuer. Pas d'homme qui n'essaye, si faible et si insuffisant qu'il soit. L'homme, selon sa nature, est en quête ou en arrêt devant la nuit. Pour les uns, c'est un refoulement; pour les autres, c'est une dilatation. Le spectacle est sombre. L'indéfinissable y est mêlé.

La nuit est-elle sereine ? C'est un fond d'ombre. Est-elle orageuse ? C'est un fond de fumée. L'illimité se refuse et s'offre à la fois, fermé à l'expérimentation, ouvert à la conjecture. D'innombrables piqûres de lumière rendent plus noire l'obscurité sans fond. Escarboucles, scintillations, astres. Présences constatées dans l'Ignoré; défis effrayants d'aller toucher à ces clartés. Ce sont des jalons de création dans l'absolu; ce sont des marques de distance là où il n'y a plus de distance; c'est on ne sait quel numérotage impossible, et réel pourtant, de l'étiage des profondeurs. Un point microscopique qui brille, puis un autre, puis un autre, puis un autre; c'est l'imperceptible, c'est l'énorme. Cette lumière est un foyer, ce foyer est une étoile, cette étoile est un soleil, ce soleil est un univers, cet univers n'est rien. Tout nombre est zéro devant l'infini.

Ces univers, qui ne sont rien, existent. En les constatant, on sent la différence qui sépare n'être rien de n'être pas.

L'inaccessible ajouté à l'inexplicable, tel est le ciel.

De cette contemplation se dégage un phénomène sublime : le grandissement de l'âme par la stupeur.

L'effroi sacré est propre à l'homme; la bête ignore cette crainte. L'intelligence trouve dans cette terreur auguste son éclipse et sa preuve.

L'ombre est une; de là l'horreur. En même

temps elle est complexe ; de là l'épouvante. Son unité fait masse sur notre esprit, et ôte l'envie de résister. Sa complexité fait qu'on regarde de tous côtés autour de soi ; il semble qu'on ait à craindre de brusques arrivées. On se rend, et on se garde. On est en présence de Tout, d'où la soumission, et de Plusieurs, d'où la défiance. L'unité de l'ombre contient un multiple. Multiple mystérieux, visible dans la matière, sensible dans la pensée. Cela fait silence, raison de plus d'être au guet.

La nuit, — celui qui écrit ceci l'a dit ailleurs, — c'est l'état propre et normal de la création spéciale dont nous faisons partie. Le jour, bref dans la durée comme dans l'espace, n'est qu'une proximité d'étoile.

Le prodige nocturne universel ne s'accomplit pas sans frottements, et tous les frottements d'une telle machine sont des contusions à la vie. Les frottements de la machine, c'est là ce que nous nommons le Mal. Nous sentons dans cette obscurité le mal, démenti latent à l'ordre divin, blasphème implicite du fait rebelle à l'idéal. Le mal complique d'on ne sait quelle tératologie à mille têtes le vaste ensemble cosmique. Le mal est présent à tout pour protester. Il est ouragan, et il tourmente la marche d'un navire, il est chaos, et il entrave l'éclosion d'un monde. Le Bien a l'unité, le Mal a l'ubiquité. Le mal déconcerte la vie, qui est une logique. Il fait dévorer la mouche par l'oiseau et la planète par la comète. Le mal est une rature à la création.

L'obscurité nocturne est pleine d'un vertige. Qui l'approfondit s'y submerge et s'y débat. Pas de fatigue comparable à cet examen des ténèbres. C'est l'étude d'un effacement.

Aucun lieu définitif où poser l'esprit. Des points de départ sans point d'arrivée. L'entre-croisement des solutions contradictoires, tous les embranchements du doute s'offrant en même temps, la ramification des phénomènes s'exfoliant sans limite sous une poussée indéfinie, toutes les lois se versant l'une dans l'autre, une promiscuité insondable qui fait que la minéralisation végète, que la végétation vit, que la pensée pèse, que l'amour rayonne et que la gravitation aime; l'immense front d'attaque de toutes les questions se développant dans l'obscurité sans bornes; l'entrevu ébauchant l'ignoré ; la simultanéité cosmique en pleine apparition, non pour le regard mais pour l'intelligence, dans le grand espace indistinct ; l'invisible devenu vision. C'est l'Ombre. L'homme est là-dessous.

Il ne connaît pas le détail, mais il porte, en quantité proportionnée à son esprit, le poids monstrueux de l'ensemble. Cette obsession poussait les pâtres chaldéens à l'astronomie. Des révélations involontaires sortent des pores de la création ; une exsudation de science se fait en quelque sorte d'elle-même, et gagne l'ignorant. Tout solitaire, sous cette imprégnation mystérieuse, devient, souvent sans en avoir conscience, un philosophe naturel.

L'obscurité est indivisible. Elle est habitée. Habitée sans déplacement par l'absolu ; habitée aussi avec déplacement. On s'y meut, chose inquiétante. Une formation sacrée y accomplit ses phases. Des préméditations, des puissances, des destinations voulues, y élaborent en commun une œuvre démesurée. Une vie terrible et horrible est là dedans. Il y a de vastes évolutions d'astres, la famille stellaire, la famille planétaire, le pollen zodiacal, le Quid divinum des courants, des effluves, des polarisations et des attractions; il y a l'embrassement et l'antagonisme, un magnifique flux et reflux d'antithèse universelle, l'impondérable en liberté au milieu des centres; il y a la séve dans les globes, la lumière hors des globes, l'atome errant, le germe épars, des courbes de fécondation, des rencontres d'accouplement et de combat, des profusions inouïes, des distances qui ressemblent à des rêves, des circulations vertigineuses, des enfoncements de mondes dans l'incalculable, des prodiges s'entre-poursuivant dans les ténèbres, un mécanisme une fois pour toutes, des souffles de sphères en fuite, des roues qu'on sent tourner; le savant conjecture, l'ignorant consent et tremble; cela est et se dérobe; c'est inexpugnable, c'est hors de portée, c'est hors d'approche. On est convaincu jusqu'à l'oppression. On a sur soi on ne sait quelle évidence noire. On ne peut rien saisir. On est écrasé par l'impalpable.

Partout l'incompréhensible; nulle part l'inintelligible.

Et à tout cela ajoutez la question redoutable : cette Immanence est-elle un Être?

On est sous l'ombre. On regarde. On écoute.

Cependant la sombre terre marche et roule ; les fleurs ont conscience de ce mouvement énorme ; la silène s'ouvre à onze heures du soir et l'émérocale à cinq heures du matin. Régularités saisissantes.

Dans d'autres profondeurs, la goutte d'eau se fait monde, l'infusoire pullule, la fécondité géante sort de l'animalcule, l'imperceptible étale sa grandeur, le sens inverse de l'immensité se manifeste ; une diatomée en une heure produit treize cent millions de diatomées.

Quelle proposition de toutes les énigmes à la fois !

L'irréductible est là.

On est contraint à la foi. Croire de force, tel est le résultat. Mais avoir foi ne suffit pas pour être tranquille. La foi a on ne sait quel bizarre besoin de forme. De là les religions. Rien n'est accablant comme une croyance sans contour.

Quoi qu'on pense et quoi qu'on veuille, quelque résistance qu'on ait en soi, regarder l'ombre, ce n'est pas regarder, c'est contempler.

Que faire de ces phénomènes ! Comment se

mouvoir sous leur convergence ! Décomposer cette pression est impossible. Quelle rêverie ajuster à tous ces aboutissants mystérieux ? Que de révélations abstruses, simultanées, balbutiantes, s'obscurcissant par leur foule même, sortes de bégayements du verbe ! L'ombre est un silence ; mais ce silence dit tout. Une résultante s'en dégage majestueusement : Dieu. Dieu, c'est la notion incompressible. Elle est dans l'homme. Les syllogismes, les querelles, les négations, les systèmes, les religions, passent dessus sans la diminuer. Cette notion, l'ombre tout entière l'affirme. Mais le trouble est sur tout le reste. Immanence formidable. L'inexprimable entente des forces se manifeste par le maintien de toute cette obscurité en équilibre. L'univers pend ; rien ne tombe. Le déplacement incessant et démesuré s'opère sans accident et sans fracture. L'homme participe à ce mouvement de translation, et la quantité d'oscillation qu'il subit, il l'appelle la destinée. Où commence la destinée ? Où finit la nature ? Quelle différence y a-t-il entre un événement et une saison, entre un chagrin et une pluie, entre une vertu et une étoile ? Une heure, n'est-ce pas une onde ? Les engrenages en mouvement continuent, sans répondre à l'homme, leur révolution impassible. Le ciel étoilé est une vision de roues, de balanciers et de contrepoids. C'est la contemplation suprême, doublée de la suprême méditation. C'est toute la réalité, plus toute l'abstraction. Rien au delà. On se sent pris. On est à la discrétion de cette ombre. Pas d'évasion possible. On se voit dans l'engrenage, on est partie intégrante d'un Tout ignoré, on sent l'inconnu qu'on a en soi fraterniser mystérieusement avec un inconnu qu'on a hors de soi. Ceci est l'annonce sublime de la mort. Quelle angoisse, et en même temps quel ravissement! Adhérer à l'infini, être amené par cette adhérence à s'attribuer à soi-même une immortalité nécessaire, qui sait? une éternité possible, sentir dans le prodigieux flot de ce déluge de vie universelle l'opiniâtreté insubmersible du moi! regarder les astres et dire : je suis une âme comme vous! regarder l'obscurité et dire : je suis un abîme comme toi!

Ces énormités, c'est la Nuit.

Tout cela, accru par la solitude, pesait sur Gilliatt.

Le comprenait-il? Non.

Le sentait-il? Oui.

Gilliatt était un grand esprit trouble et un grand cœur sauvage.

VI

GILLIATT FAIT PRENDRE POSITION A LA PANSE

Ce sauvetage de la machine, médité par Gilliatt, était, nous l'avons dit déjà, une véritable évasion, et l'on connaît les patiences de l'évasion. On en connaît aussi les industries. L'industrie va jusqu'au miracle; la patience va jusqu'à l'agonie. Tel prisonnier, Thomas, par exemple, au

Mont-Saint-Michel, trouve moyen de mettre la moitié d'une muraille dans sa paillasse. Tel autre, à Tulle, en 1820, coupe du plomb sur la plateforme promenoir de la prison, avec quel couteau? on ne peut le deviner, fait fondre ce plomb, avec quel feu? on l'ignore, coule ce plomb fondu, dans quel moule? on le sait, dans un moule de mie de pain, avec ce plomb et ce moule fait une clef, et avec cette clef ouvre une serrure dont il n'avait jamais vu que le trou. Ces habiletés inouïes, Gilliatt les avait. Il eut monté et descendu la falaise de Boisrosé. Il était le Trenck d'une épave et le Latude d'une machine.

La mer, geôlière, le surveillait.

Du reste, disons-le, si ingrate et si mauvaise que fût la pluie, il en avait tiré parti. Il avait un peu refait sa provision d'eau douce; mais sa soif était inextinguible, et il vidait son bidon presque aussi rapidement qu'il l'emplissait.

Un jour, le dernier jour d'avril, je crois, ou le premier de mai, tout se trouva prêt.

Le parquet de la machine était comme enca-

où passaient ces câbles étaient reliées sur le pont et sous la carène par des traits de scie. Le vaigrage avait été coupé avec la scie, la charpente avec la hache, la ferrure avec la lime, le doublage avec le ciseau. La partie de la quille à laquelle se superposait la machine était coupée carrément et prête à glisser avec la machine en la soutenant. Tout ce branle effrayant ne tenait plus qu'à une chaîne qui, elle-même, ne tenait plus qu'à un coup de lime. A ce point d'achèvement et si près de la fin, la hâte est prudence.

La marée était basse, c'était le bon moment.

Gilliatt était parvenu à démonter l'arbre des roues dont les extrémités pouvaient faire obstacle et arrêter le dérapement. Il avait réussi à amarrer verticalement cette lourde pièce dans la cage même de la machine.

Il était temps de finir. Gilliatt, nous venons de le dire, n'était point fatigué, ne voulant pas l'être, mais ses outils l'étaient. La forge devenait peu à peu impossible. La pierre enclume s'était fendue. La soufflante commençait à mal travailler. La petite chute hydraulique étant d'eau marine, des dépôts salins s'étaient formés dans les jointures de l'appareil, et en gênaient le jeu.

Gilliatt alla à la crique de l'Homme, passa la panse en revue, s'assura que tout y était en état, particulièrement les quatre anneaux plantés à bâbord et à tribord, puis leva l'ancre, et, ramant, revint avec la panse aux deux Douvres.

L'entre-deux des Douvres pouvait admettre la panse. Il y avait assez de fond et assez d'ouverture. Gilliatt avait reconnu dès le premier jour qu'on pouvait passer la panse jusque sous la Durande.

La manœuvre pourtant était excessive, elle exigeait une précision de bijoutier, et cette insertion de la barque dans l'écueil était d'autant plus délicate que, pour ce que Gilliatt voulait faire, il était nécessaire d'entrer par la poupe, le gouvernail en avant. Il importait que le mât et le gréement de la panse restassent en deçà de l'épave, du côté du goulet.

Ces aggravations dans la manœuvre rendaient l'opération malaisée pour Gilliatt lui-même. Ce n'était plus, comme pour la crique de l'Homme, l'affaire d'un coup de barre; il fallait tout ensemble pousser, tirer, ramer et sonder. Gilliatt n'y employa pas moins d'un quart d'heure. Il y parvint pourtant.

En quinze ou vingt minutes, la panse fut ajustée sous la Durande. Elle y fut presque embossée. Gilliatt, au moyen de ses deux ancres, affourcha la panse. La plus grosse des deux se trouva placée de façon à travailler du plus fort vent à craindre, qui était le vent d'ouest. Puis, à l'aide d'un levier et du cabestan, Gilliatt descendit dans la panse les deux caisses contenant les roues démontées, dont les élingues étaient toutes prêtes. Ces deux caisses firent lest.

Débarrassé des deux caisses, Gilliatt rattacha au crochet de la chaîne du cabestan l'élingue du palanguin régulateur, destiné à enrayer les palans.

Pour ce que méditait Gilliatt, les défauts de la panse devenaient des qualités; elle n'était pas pontée, le chargement aurait plus de profondeur, et pourrait poser sur la cale. Elle était mâtée à l'avant, trop à l'avant peut-être, le chargement aurait plus d'aisance, et, le mât se trouvant ainsi en dehors de l'épave, rien ne gênerait la sortie;

elle n'était qu'un sabot, rien n'est stable et solide en mer comme un sabot.

Tout à coup Gilliatt s'aperçut que la mer montait. Il regarda d'où venait le vent.

VII

TOUT DE SUITE UN DANGER

Il y avait peu de brise, mais ce qui soufflait soufflait de l'ouest. C'est une mauvaise habitude que le vent a volontiers dans l'équinoxe.

La marée montante, selon le vent qui souffle, se comporte diversement dans l'écueil des Douvres. Suivant la rafale qui le pousse, le flot entre dans ce corridor soit par l'est, soit par l'ouest. Si la mer entre par l'est, elle est bonne et molle ; si elle entre par l'ouest, elle est furieuse. Cela tient à ce que le vent d'est, venant de terre, a peu d'haleine, tandis que le vent d'ouest, qui traverse l'Atlantique, apporte tout le souffle de l'immensité. Même très-peu de brise apparente, si elle vient de l'ouest, est inquiétante. Elle roule les larges lames de l'étendue illimitée, et pousse trop de vague à la fois dans l'étranglement.

Une eau qui s'engouffre est toujours affreuse. Il en est d'une eau comme d'une foule ; une multitude est un liquide ; quand la quantité pouvant entrer est moindre que la quantité voulant entrer, il y a écrasement pour la foule et convulsion pour l'eau. Tant que le vent du couchant règne, fût-ce la plus faible brise, les Douvres ont deux fois par jour cet assaut. La marée s'élève, le flux presse, la roche résiste, le goulet ne s'ouvre qu'avarement, le flot enfoncé de force bondit et rugit, et une houle forcenée bat les deux façades intérieures de la ruelle. De sorte que les Douvres, par le moindre vent d'ouest, offrent ce spectacle singulier : dehors, sur la mer, le calme ; dans l'écueil, un orage. Ce tumulte local et circonscrit n'a rien d'une tempête ; ce n'est qu'une émeute de vagues, mais terrible. Quant aux vents de nord et de sud, ils prennent l'écueil en travers et ne font que peu de ressac dans le boyau. L'entrée par l'est, détail qu'il faut rappeler, confine au rocher l'Homme; l'ouverture redoutable de l'ouest est à l'extrémité opposée, précisément entre les deux Douvres.

C'est à cette ouverture de l'ouest que se trouvait Gilliatt avec la Durande échouée et la panse embossée.

Une catastrophe semblait inévitable. Cette catastrophe imminente avait, en quantité faible, mais suffisante, le vent qu'il lui fallait.

Avant peu d'heures, le gonflement de la marée ascendante allait se ruer de haute lutte dans le détroit des Douvres. Les premières lames bruissaient déjà. Ce gonflement, mascaret de toute l'Atlantique, aurait derrière lui la totalité de la mer. Aucune bourrasque, aucune colère; mais une simple onde souveraine contenant en elle une force d'impulsion qui, partie de l'Amérique pour aboutir à l'Europe, a deux mille lieues de jet. Cette onde, barre gigantesque de l'océan, rencontrerait l'hiatus de l'écueil et, froncée aux deux Douvres, tours de l'entrée, piliers du détroit, enflée par le flux, enflée par l'empêchement, repoussée par le rocher, surmenée par la brise, ferait violence à l'écueil, pénétrerait, avec toutes les torsions de l'obstacle subi et toutes les frénésies de la vague entravée, entre les deux murailles, y trouverait la panse et la Durande et les briserait.

Contre cette éventualité, il fallait un bouclier, Gilliatt l'avait.

Il fallait empêcher la marée de pénétrer d'emblée, lui interdire de heurter tout en la laissant monter, lui barrer le passage sans lui refuser l'entrée, lui résister et lui céder, prévenir la compression du flot dans le goulet, qui était tout le danger, remplacer l'irruption par l'introduction, soutirer à la vague son emportement et sa brutalité, contraindre cette furie à la douceur. Il fallait substituer à l'obstacle qui irrite l'obstacle qui apaise.

Gilliatt, avec cette adresse qu'il avait, plus forte que la force, exécutant une manœuvre de chamois dans la montagne ou de sapajou dans la forêt, utilisant pour des enjambées oscillantes et vertigineuses la moindre pierre en saillie, sautant à l'eau, sortant de l'eau, nageant dans le remous, grimpant au rocher, une corde entre les dents, un marteau à la main, détacha le grelin qui maintenait suspendu et collé au soubassement de la petite Douvre le pan de muraille de l'avant de la Durande, façonna avec des bouts de haussière des espèces de gonds rattachant ce panneau aux gros clous plantés dans le granit, fit tourner sur ces gonds cette armature de planches pareille à une trappe d'écluse, l'offrit en flanc, comme on fait d'une joue de gouvernail, au flot qui en poussa et en appliqua une extrémité sur la grande Douvre pendant que les gonds de corde retenaient sur la petite Douvre l'autre extrémité, opéra sur la grande Douvre, au moyen des clous d'attente plantés d'avance, la même fixation que sur la petite, amarra solidement cette vaste plaque de bois au double pilier du goulet, croisa sur ce barrage une chaîne comme un baudrier sur une cuirasse, et en moins d'une heure cette clôture se dressa contre la marée, et la ruelle de l'écueil fut fermée comme par une porte.

Cette puissante applique, lourde masse de poutres et de planches, qui, à plat, eût été un radeau, et, debout, était un mur, avait, le flot aidant, été maniée par Gilliatt avec une dextérité de saltimbanque. On pourrait presque dire que le tour était fait avant que la mer montante eût eu le temps de s'en apercevoir.

C'était un de ces cas où Jean Bart eût dit le fameux mot qu'il adressait au flot de la mer chaque fois qu'il esquivait un naufrage : *attrapé, l'anglais !* On sait que quand Jean Bart voulait insulter l'Océan, il l'appelait l'*anglais*.

Le détroit barré, Gilliatt songea à la panse. Il dévida assez de câble sur les deux ancres pour qu'elle pût monter avec la marée. Opération analogue à ce que les anciens marins appelaient « mouiller avec des embossures ». Dans tout ceci, Gilliatt n'était pas pris au dépourvu, le cas était prévu ; un homme du métier l'eût reconnu à deux poulies de guinderesse frappées en galoche à l'arrière de la panse, dans lesquelles passaient deux grelins dont les bouts étaient en ralingue aux organeaux des deux ancres.

Cependant le flux avait grossi ; la demi-montée s'était faite ; c'est à ce moment que les chocs des lames de la marée, même paisible, peuvent être rudes. Ce que Gilliatt avait combiné se réalisa. Le flot roulait violemment vers le barrage, le renentrait, s'y enflait, et passait dessous. Au dehors, c'était la houle, au dedans, l'infiltration. Gilliatt, avait imaginé quelque chose comme les fourches caudines de la mer. La marée était vaincue.

VIII

PÉRIPÉTIE PLUTOT QUE DÉNOUMENT

Le moment redoutable était venu.

Il s'agissait maintenant de mettre la machine dans la barque.

Gilliatt fut pensif quelques instants, tenant le coude de son bras gauche dans sa main droite et son front dans sa main gauche.

Puis il monta sur l'épave dont une partie, la

machine, devait se détacher, et dont l'autre partie, la carcasse, devait demeurer.

Il coupa les quatre élingues qui fixaient à tribord et à bâbord à la muraille de la Durande les quatre chaînes de la cheminée. Les élingues n'étant que de la corde, son couteau en vint à bout.

Les quatre chaînes, libres et sans attache, vinrent pendre le long de la cheminée.

De l'épave il monta dans l'appareil construit par lui, frappa du pied sur les poutres, inspecta les moufles, regarda les poulies, toucha les câbles, examina les rallonges, s'assura que le funin blanc n'était pas mouillé profondément, constata que rien ne manquait, et que rien ne fléchissait, puis, sautant du haut des hiloires sur le pont, il prit position, près du cabestan, dans la partie de la Durande qui devait rester accrochée aux Douvres. C'était là son poste de travail.

Grave, ému seulement de l'émotion utile, il jeta un dernier coup d'œil sur les palans, puis saisit une lime et se mit à scier la chaîne qui tenait tout en suspens.

On entendait le grincement de la lime dans le grondement de la mer.

La chaîne du cabestan, rattachée au palanguin régulateur, était à la portée de Gilliatt, tout près de sa main.

Tout à coup il y eut un craquement. Le chaînon que mordait la lime, plus qu'à moitié entamé, venait de se rompre; tout l'appareil entrait en branle. Gilliatt n'eut que le temps de se jeter sur le palanguin.

La chaîne cassée fouetta le rocher, les huit câbles se tendirent, tout le bloc scié et coupé s'arracha de l'épave, le ventre de la Durande s'ouvrit, le plancher de fer de la machine pesant sur les câbles apparut sous la qu.. .

Si Gilliatt n'eût pas empoigné à temps le palanguin, c'était une chute. Mais sa main terrible était là; ce fut une descente.

Quand le frère de Jean Bart, Pieter Bart, ce puissant et sagace ivrogne, ce pauvre pêcheur de Dunkerque qui tutoyait le grand amiral de France, sauva la galère Langeron en perdition dans la baie d'Ambleteuse, quand, pour tirer cette lourde masse flottante du milieu des brisants de la baie furieuse, il lia la grande voile en rouleau avec des joncs marins, quand il voulut que ce fût ces roseaux qui, en se cassant d'eux-mêmes, donnassent au vent la voile à enfler, il se fia à la rupture des roseaux comme Gilliatt à la fracture de la chaîne, et ce fut la même hardiesse bizarre couronnée du même succès surprenant.

Le palanguin, saisi par Gilliatt, tint bon et opéra admirablement. Sa fonction, on s'en souvient, était l'amortissement des forces, ramenées de plusieurs à une seule, et réduites à un mouvement d'ensemble. Ce palanguin avait quelque rapport avec une patte de bouline; seulement, au lieu d'orienter une voile, il équilibrait un mécanisme.

Gilliatt, debout et le poing au cabestan, avait, pour ainsi dire, la main sur le pouls de l'appareil.

Ici l'invention de Gilliatt éclata.

Une remarquable coïncidence de forces se produisit.

Pendant que la machine de la Durande, détachée en bloc, descendait vers la panse, la panse montait vers la machine. L'épave et le bateau sauveteur, s'entr'aidant en sens inverse, allaient au-devant l'un de l'autre. Ils venaient se chercher et s'épargnaient la moitié du travail.

Le flux, se gonflant sans bruit entre les deux Douvres, soulevait l'embarcation et l'approchait de la Durande. La marée était plus que vaincue, elle était domestiquée. L'océan faisait partie du mécanisme.

Le flot montant haussait la panse sans choc, mollement, presque avec précaution et comme si elle eût été de porcelaine.

Gilliatt combinait et proportionnait les deux travaux, celui de l'eau et celui de l'appareil, et, immobile au cabestan, espèce de statue redoutable obéie par tous les mouvements à la fois, réglait la lenteur de la descente sur la lenteur de la montée.

Pas de secousse dans le flot, pas de saccade dans les palans. C'était une étrange collaboration de toutes les forces naturelles, soumises. D'un côté, la gravitation, apportant la machine; de l'autre, la marée, apportant la barque. L'attraction des astres, qui est le flux, et l'attraction du globe, qui est la pesanteur, semblaient s'entendre pour servir Gilliatt. Leur subordination n'avait pas d'hésitation ni de temps d'arrêt, et, sous la pression d'une âme, ces puissances passives devenaient les auxiliaires actifs. De minute en minute l'œuvre avançait; l'intervalle entre la panse et l'épave diminuait insensiblement. L'approche se faisait en silence et avec une sorte de terreur de l'homme qui était là. L'élément recevait un ordre et l'exécutait.

Presque au moment précis où le flux cessa de s'élever, les câbles cessèrent de se dévider. Subitement, mais sans commotion, les moufles s'arrêtèrent. La machine, comme posée par une main, avait pris assiette dans la panse. Elle y était droite, debout, immobile, solide. La plaque de soutènement s'appuyait de ses quatre angles et d'aplomb sur la cale.

C'était fait.

Gilliatt regarda, éperdu.

Le pauvre être n'était point gâté par la joie. Il eut le fléchissement d'un immense bonheur. Il sentit tous ses membres plier; et, devant son triomphe, lui qui n'avait pas eu un trouble jusqu'alors, il se mit à trembler.

Il considéra la panse sous l'épave, et la machine dans la panse. Il semblait n'y pas croire.

On eût dit qu'il ne s'attendait pas à ce qu'il avait fait. Un prodige lui était sorti des mains, et il le regardait avec stupeur.

Cet effarement dura peu.

Gilliatt eut le mouvement d'un homme qui se réveille, se jeta sur la scie, coupa les huit câbles, puis, séparé maintenant de la panse, grâce au soulèvement du flux, d'une dizaine de pieds seulement, il y sauta, prit un rouleau de filin, fabriqua quatre élingues, les passa dans les anneaux préparés d'avance, et fixa, des deux côtés, au bord de la panse, les quatre chaînes de la cheminée encore attachées une heure auparavant au bord de la Durande.

La cheminée amarrée, Gilliatt dégagea le haut de la machine. Un morceau carré du tablier du pont de la Durande y adhérait. Gilliatt le décloua, et débarrassa la panse de cet encombrement de planches et de solives qu'il jeta sur le rocher. Allégement utile.

Du reste, la panse, comme on devait le prévoir, s'était maintenue fermement sous la surcharge de la machine. La panse ne s'était enfoncée que jusqu'à un bon étiage de flottaison.

La machine de la Durande, quoique pesante, était moins lourde que le monceau de pierres et le canon rapportés jadis de Herm par la panse.

Tout était donc fini. Il n'y avait plus qu'à s'en aller.

IX

LE SUCCÈS REPRIS AUSSITOT QUE DONNÉ

Tout n'était pas fini.

Rouvrir le goulet fermé par le morceau de muraille de la Durande, et pousser tout de suite la panse hors de l'écueil, rien n'était plus clairement indiqué. En mer, toutes les minutes sont urgentes. Peu de vent, à peine une ride au large; la soirée, très-belle, promettait une belle nuit. La mer était étale, mais le reflux commençait à se faire sentir; le moment était excellent pour partir. On aurait la marée descendante pour sortir des Douvres et la marée remontante pour rentrer à Guernesey. On pourrait être à Saint-Sampson au point du jour.

Mais un obstacle inattendu se présenta. Il y avait eu une lacune dans la prévoyance de Gilliatt.

La machine était libre; la cheminée ne l'était pas.

La marée, en approchant la panse de l'épave suspendue en l'air, avait amoindri les périls de la descente et abrégé le sauvetage; mais cette diminution d'intervalle avait laissé le haut de la cheminée engagé dans l'espèce de cadre béant qu'offrait la coque ouverte de la Durande. La cheminée était prise là comme entre quatre murs.

Le service rendu par le flot se compliquait de cette sournoiserie. Il semblait que la mer, contrainte d'obéir, eût eu une arrière-pensée.

Il est vrai que ce que le flux avait fait le reflux allait le défaire.

La cheminée, haute d'un peu plus de trois toises, s'enfonçait de huit pieds dans la Durande;

le niveau de l'eau allait baisser de douze pieds; la cheminée, descendant avec la panse sur le flot décroissant, aurait quatre pieds d'aisance et pourrait se dégager.

Mais combien de temps fallait-il pour cette mise en liberté? Six heures.

Dans six heures il serait près de minuit. Quel moyen d'essayer la sortie à pareille heure, quel chenal suivre à travers tous ces brisants déjà si inextricables le jour, et comment se risquer en pleine nuit noire dans cette embuscade de bas-fonds?

Force était d'attendre au lendemain. Ces six heures perdues en faisaient perdre au moins douze.

Il ne fallait pas même songer à avancer le travail en rouvrant le goulet de l'écueil. Le barrage serait nécessaire à la prochaine marée.

Gilliatt dut se reposer.

Se croiser les bras, c'était la seule chose qu'il n'eût pas encore faite depuis qu'il était dans l'écueil Douvres.

Ce repos forcé l'irrita et l'indigna presque, comme s'il était de sa faute. Il se dit : Qu'est-ce que Déruchette penserait de moi, si elle me voyait là à rien faire?

Pourtant cette reprise de forces n'était peut-être pas inutile.

La panse étant maintenant à sa disposition, il arrêta qu'il y passerait la nuit.

Il alla chercher sa peau de mouton sur la grande Douvre, redescendit, soupa de quelques patelles et de deux ou trois châtaignes de mer, but, ayant grand'soif, les dernières gorgées d'eau douce de son bidon presque vide, s'enveloppa de la peau dont la laine lui fit plaisir, se coucha comme un chien de garde près de la machine, rabattit sa galérienne sur ses yeux, et s'endormit.

Il dormit profondément. On a de ces sommeils après les choses faites.

LES AVERTISSEMENTS DE LA MER

Au milieu de la nuit, brusquement, et comme par la détente d'un ressort, il se réveilla.

Il ouvrit les yeux.

Les Douvres au-dessus de sa tête étaient éclairées ainsi que par la réverbération d'une grande braise blanche. Il y avait sur toute la façade noire de l'écueil comme le reflet d'un feu.

D'où venait ce feu?

De l'eau.

La mer était extraordinaire.

Il semblait que l'eau fût incendiée. Aussi loin que le regard pouvait s'étendre, dans l'écueil et hors de l'écueil, toute la mer flamboyait. Ce flamboiement n'était pas rouge ; il n'avait rien de la grande flamme vivante des cratères et des fournaises. Aucun pétillement, aucune ardeur, aucune pourpre, aucun bruit. Des traînées bleuâtres imitaient sur la vague des plis de suaire. Une large lueur blême frissonnait sur l'eau. Ce n'était pas l'incendie ; c'en était le spectre.

C'était quelque chose comme l'embrasement livide d'un dedans de sépulcre par une flamme de rêve.

Qu'on se figure des ténèbres allumées.

La nuit, la vaste nuit trouble et diffuse, semblait être le combustible de ce feu glacé. C'était on ne sait quelle clarté faite d'aveuglement. L'ombre entrait comme élément dans cette lumière fantôme.

Les marins de la Manche connaissent tous ces indescriptibles phosphorescences, pleines d'avertissements pour le navigateur. Elles ne sont nulle part plus surprenantes que dans le Grand V, près d'Isigny.

A cette lumière, les choses perdent leur réalité. Une pénétration spectrale les fait comme transparentes. Les roches ne sont plus que des linéaments. Les câbles des ancres paraissent des barres de fer chauffées à blanc. Les filets des pêcheurs semblent sous l'eau du feu tricoté. Une moitié de l'aviron est d'ébène, l'autre moitié, sous la lame, est d'argent. En retombant de la rame dans le flot, les gouttes d'eau étoilent la mer. Toute barque traîne derrière elle une comète. Les matelots mouillés et lumineux semblent des hommes qui brûlent. On plonge sa main dans le flot, on la retire gantée de flamme; cette flamme est morte, on ne la sent point. Votre bras est un tison allumé. Vous voyez les formes qui sont dans la mer rouler sous les vagues à vau-le-feu. L'écume étincelle. Les poissons sont des langues de feu et des tronçons d'éclair serpentant dans une profondeur pâle.

Cette clarté avait passé à travers les paupières fermées de Gilliatt. C'est grâce à elle qu'il s'était réveillé.

Ce réveil vint à point.

Le reflux avait descendu ; un nouveau flux revenait. La cheminée de la machine, dégagée pendant le sommeil de Gilliatt, allait être ressaisie par l'épave béante au-dessus d'elle.

Elle y retournait lentement.

Il ne s'en fallait que d'un pied pour que la cheminée rentrât dans la Durande.

La remontée d'un pied, c'est pour le flux environ une demi-heure. Gilliatt, s'il voulait profiter de cette délivrance déjà remise en question, avait une demi-heure devant lui.

Il se dressa en sursaut.

Si urgente que fût la situation, il ne put faire autrement que de rester quelques minutes debout, considérant la phosphorescence, méditant.

Gilliatt savait à fond la mer. Malgré qu'elle en eût, et quoique souvent maltraité par elle, il était depuis longtemps son compagnon. Cet être mystérieux qu'on nomme l'Océan ne pouvait rien avoir dans l'idée que Gilliatt ne le devinât. Gilliatt, à force d'observation, de rêverie et de solitude, était devenu un voyant du temps, ce qu'on appelle un *whealer wise*.

Gilliatt courut aux guinderesses et fila du câble;
puis, n'étant plus retenu par l'affourche, il saisit
le croc de la panse, et s'appuyant aux roches, la
poussa vers le goulet à quelques brasses au delà
de la Durande, tout près du barrage. Il y avait
du rang, comme disent les matelots de Guernesey.
En moins de dix minutes, la panse fut retirée de
dessous la carcasse échouée. Plus de crainte que
la cheminée fût désormais reprise au piége. Le
flux pouvait monter.

Pourtant Gilliatt n'avait point l'air d'un homme
qui va partir.

Il considéra encore la phosphorescence, et leva
les ancres; mais ce ne fut point pour déplanter,
ce fut pour affourcher de nouveau la panse, et très-
solidement; près de la sortie, il est vrai.

Il n'avait employé jusque-là que les deux ancres de la panse, et il ne s'était pas encore servi
de la petite ancre de la Durande, retrouvée, on
s'en souvient, dans les brisants. Cette ancre avait
été déposée par lui, toute prête aux urgences,
dans un coin de la panse, avec un en-cas de haus-
sières et de poulies de guinderesses, et son câble
tout garni d'avance de bosses très-cassantes, ce

qui empêche la chasse. Gilliatt mouilla cette troisième ancre, en ayant soin de rattacher le câble à un grelin dont un bout était en ralingue à l'organeau de l'ancre, et dont l'autre bout se garnissait au guindoir de la panse. Il pratiqua de cette façon une sorte d'affourche en patte d'oie, bien plus forte que l'affourche à deux ancres. Ceci indiquait une vive préoccupation, et un redoublement de précautions. Un marin eût reconnu dans cette opération quelque chose de pareil au mouillage d'un temps forcé, quand on peut craindre un courant qui prendrait le navire par sous le vent.

La phosphorescence, que Gilliatt surveillait et sur laquelle il avait l'œil fixé, le menaçait peut-être, mais en même temps le servait. Sans elle il eût été prisonnier du sommeil et dupe de la nuit. Elle l'avait réveillé, et elle l'éclairait.

Elle faisait dans l'écueil un jour louche. Mais cette clarté, si inquiétante qu'elle parût à Gilliatt, avait eu cela d'utile qu'elle lui avait rendu le danger visible et la manœuvre possible. Désormais, quand Gilliatt voudrait mettre à la voile, la panse, emportant la machine, était libre.

Seulement, Gilliatt semblait de moins en moins

songer au départ. La panse embossée, il alla chercher la plus forte chaîne qu'il eût dans son magasin, et, la rattachant aux clous plantés dans les deux Douvres, il fortifia en dedans avec cette chaîne le rempart de vaigres et de solives déjà protégé au dehors par l'autre chaîne croisée. Loin d'ouvrir l'issue, il achevait de la barrer.

La phosphorescence l'éclairait encore, mais décroissait. Il est vrai que le jour commençait à poindre.

Tout à coup Gilliatt prêta l'oreille.

XI

A BON ENTENDEUR, SALUT

Il lui sembla entendre, dans un lointain immense, quelque chose de faible et d'indistinct.

Les profondeurs ont, à de certaines heures, un grondement.

Il écouta une seconde fois. Le bruit lointain recommença. Gilliatt secoua la tête comme quelqu'un qui sait ce que c'est.

Quelques minutes après, il était à l'autre extrémité de la ruelle de l'écueil, à l'entrée vers l'est, libre jusque-là, et, à grands coups de marteau, il enfonçait de gros clous dans le granit des deux musoirs de ce goulet voisin du rocher l'Homme, comme il avait fait pour le goulet des Douvres.

Les crevasses de ces rochers étaient toutes préparées et bien garnies de bois, presque tout cœur de chêne. L'écueil de ce côté étant très-délabré, il y avait beaucoup de lézardes, et Gilliatt put y fixer plus de clous encore qu'au soubassement des deux Douvres.

A un moment donné, et comme si l'on eût soufflé dessus, la phosphorescence s'était éteinte ; le crépuscule, d'instant en instant plus lumineux, la remplaçait.

Les clous plantés, Gilliat traîna des poutres, puis des cordes, puis des chaînes, et, sans détourner les yeux de son travail, sans se distraire un instant, il se mit à construire en travers du goulet de l'Homme, avec des madriers fixés horizontalement et rattachés par des câbles, un de ces barrages à claire-voie que la science aujourd'hui a adoptés et qu'elle qualifie brise-lames.

Ceux qui ont vu, par exemple, à la Rocquaine à Guernesey, ou au Bourg-d'eau en France, l'effet que font quelques pieux plantés dans le rocher, comprennent la puissance de ces ajustages si simples. Le brise-lames est la combinaison de ce qu'on nomme en France épi avec ce qu'on nomme en Angleterre dick. Les brise-lames sont les chevaux de frise des fortifications contre les tempêtes. On ne peut lutter contre la mer qu'en tirant parti de la divisibilité de cette force.

Cependant le soleil s'était levé, parfaitement pur. Le ciel était clair, la mer était calme.

Gilliatt pressait son travail. Il était calme lui aussi, mais dans sa hâte il y avait de l'anxiété.

Il allait, à grandes enjambées de roche en roche, du barrage au magasin et du magasin au barrage. Il revenait tirant éperdument, tantôt une porque, tantôt une hiloire. L'utilité de cet en-cas de charpentes se manifesta. Il était évident que Gilliatt était en face d'une éventualité prévue.

Une forte barre de fer lui servait de levier pour remuer les poutres.

Le travail s'exécutait si vite que c'était plutôt une croissance qu'une construction. Qui n'a pas vu à l'œuvre un pontonnier militaire ne peut se faire une idée de cette rapidité.

Le goulet de l'est était plus étroit encore que le goulet de l'ouest. Il n'avait que cinq ou six pieds d'entre-bâillement. Ce peu d'ouverture aidait Gilliatt. L'espace à fortifier et à fermer étant très-restreint, l'armature serait plus solide et pourrait être plus simple. Ainsi des solives horizontales suffisaient ; les pièces debout étaient inutiles.

Les premières traverses du brise-lames posées, Gilliatt monta dessus et écouta.

Le grondement devenait expressif.

Gilliatt continua sa construction. Il la contrebuta avec les deux bossoirs de la Durande reliés à l'enchevêtrement des solives par des drisses passées dans leurs trois roues de poulies. Il noua le tout avec des chaînes.

Cette construction n'était autre chose qu'une sorte de claie colossale, ayant des madriers pour baguettes et des chaînes pour osiers.

Cela semblait tressé autant que bâti.

Gilliatt multipliait les attaches, et ajoutait des clous où il le fallait.

Ayant eu beaucoup de fer rond dans l'épave, il

avait pu faire de ces clous une grosse provision.

Tout en travaillant, il broyait du biscuit entre ses dents. Il avait soif, mais ne pouvait boire, n'ayant plus d'eau douce. Il avait vidé le bidon la veille à son souper.

Il échafauda encore quatre ou cinq charpentes, puis monta de nouveau sur le barrage. Il écouta.

Le bruit à l'horizon avait cessé. Tout se taisait.

La mer était douce et superbe; elle méritait tous les madrigaux que lui adressent les bourgeois quand ils sont contents d'elle, — « un miroir », — « un lac », — « de l'huile », — « une plaisanterie », — « un mouton ». — Le bleu profond du ciel répondait au vert profond de l'océan. Ce saphir et cette émeraude pouvaient s'admirer l'un l'autre. Ils n'avaient aucun reproche à se faire. Pas un nuage en haut, pas une écume en bas. Dans toute cette splendeur montait magnifiquement le soleil d'avril. Il était impossible de voir un plus beau temps.

A l'extrême horizon une longue file noire d'oiseaux de passage rayait le ciel. Ils allaient vite. Ils se dirigeaient vers la terre. Il semblait qu'il y eût de la fuite dans leur vol.

Gilliatt se remit à exhausser le brise-lames.

Il l'éleva le plus haut qu'il put, aussi haut que le lui permit la courbure des rochers.

Vers midi, le soleil lui sembla plus chaud qu'il ne devait l'être. Midi est l'heure critique du jour. Gilliatt, debout sur la robuste claire-voie qu'il achevait de bâtir, se remit à considérer l'étendue.

La mer était plus que tranquille, elle était stagnante. On n'y voyait pas une voile. Le ciel était partout limpide; seulement, de bleu il était devenu blanc. Ce blanc était singulier. Il y avait à l'ouest sur l'horizon une petite tache d'apparence malsaine. Cette tache restait immobile à la même place, mais grandissait. Près des brisants, le flot frissonnait très-doucement.

Gilliatt avait bien fait de bâtir son brise-lames.

Une tempête approchait.

L'abîme se décidait à livrer bataille.

FIN DU TOME DEUXIÈME.

TABLE

TABLE

DU TOME DEUXIÈME

LIVRE SIXIÈME

LE TIMONIER IVRE ET LE CAPITAINE SOBRE

                                            Pages.

I. Les rochers Douvres 3
II. Du cognac inespéré. 11
III. Propos interrompus 19
IV. Où se déroulent toutes les qualités du capitaine Clubin. 35
V. Clubin met le comble à l'admiration 47
VI. Un intérieur d'abîme, éclairé. 57
VII. L'inattendu intervient. 73

LIVRE SEPTIÈME

IMPRUDENCE DE FAIRE DES QUESTIONS A UN LIVRE

I. La perle au fond du précipice. 85
II. Beaucoup d'étonnement sur la côte ouest 104
III. Ne tentez pas la Bible. 111

DEUXIÈME PARTIE

GILLIATT LE MALIN

LIVRE PREMIER

L'ÉCUEIL

	Pages.
I. L'endroit où il est malaisé d'arriver et difficile de repartir	131
II. Les perfections du désastre	143
III. Saine, mais non sauve	149
IV. Examen local préalable	153
V. Un mot sur les collaborations secrètes des éléments	159
VI. Une écurie pour le cheval	167
VII. Une chambre pour le voyageur	173
VIII. *Importunæque volucres*	189
IX. L'écueil, et la manière de s'en servir	195
X. La forge	203
XI. Découverte	213
XII. Le dedans d'un édifice sous mer	221
XIII. Ce qu'on y voit et ce qu'on y entrevoit	227

LIVRE DEUXIÈME

LE LABEUR

                                                                              Pages

I. Les ressources de celui à qui tout manque. . . . 244
II. Comme quoi Shakespeare peut se rencontrer avec Eschyle. 247
III. Le chef-d'œuvre de Gilliatt vient au secours du chef-d'œuvre de Lethierry 251
IV. *Sub re*. 259
V. *Sub umbra*. 271
VI. Gilliatt fait prendre position à la panse 283
VII. Tout de suite un danger. 289
VIII. Péripétie plutôt que dénoûment 297
IX. Le succès repris aussitôt que donné 305
X. Les avertissements de la mer. 309
XI. A bon entendeur, salut. 317

www.ingramcontent.com/pod-product-compliance
Lightning Source LLC
Chambersburg PA
CBHW060655170426
43199CB00012B/1799